Die Kleinbahn

ISBN 3-924335-86-1
Herausgeber
Ingrid Zeunert
Lektorat
Wolfgang Zeunert
Fachmitarbeiter
Andreas Christopher, Eugen Landerer,
Dr. Stefan Lueginger, Horst Prange,
Dieter Riehemann, Klaus-Joachim Schrader †,
Dr. Markus Strässle
Verlag Ingrid Zeunert
Postfach 1407, 38504 Gifhorn
Hindenburgstr. 15, 38518 Gifhorn
Telefon: (05371) 3542 • Fax: (05371) 15114
Email: webmaster@zeunert.de
Internet: www.zeunert.de
DIE KLEINBAHN
Erscheinungsweise: Ein bis zwei Bände jährlich.

Inhalt

Regionalbahnen in Deutschland
Illustrierte Kurzberichte 2
Lokalbahnen in Österreich
Viele Fotos aus der Alpenrepublik 24
WESTbahn
Ein neues EVU in Österreich 30
Salzburger Lokalbahn aktuell
Neues von diesem rührigen Betrieb 34
Die Mindener Kreisbahnen heute
Überall in Deutschland unterwegs................. 42
Blankenburger Spezialitäten
Ehemalige Kleinbahn-Dampfloks bei der DR........ 50
Butzbach-Licher Eisenbahn
Heute ein moderner Betrieb........................ 63
Neue Modelle
nach Vorbildern bei Klein- und Nebenbahnen
Wolfgang Zeunert stellt neue Modelle vor 72
Die DIEMA DVL 15 der AG Märkische Kleinbahn e.V.
Neues Leben für einen Werkbahn-Altzeitler 84
Literatur
Bücher üb
und Mode

D1730974

Titelbild:
Mindener Kreisbahnen (MKB)
Diesellok V 19 am 7.8.2003 im Chemiewerk-Anschluß
oxxynova in Steyerberg.   Foto: Ingrid Schütte

Foto auf der letzten Umschlagseite:
Bentheimer Eisenbahn (BE)
Diesellok D 23 am 23.9.2009 mit Kieszug im Anschluß
SBR in Nordhorn.   Foto: Dieter Riehemann

In eigener Sache
Wegen der horrend gestiegenen Postgebühren
für Sendungen von Deutschland in das Ausland können wir unsere ausländischen Abon-
nenten leider nicht mehr portofrei beliefern.
Wir bedauern, deshalb unseren ausländischen
Abo-Lesern pro Band EUR 2,50 anteiliges Porto
in Rechnung stellen zu müssen. Wir bitten um
Verständnis.   Verlag Ingrid Zeunert

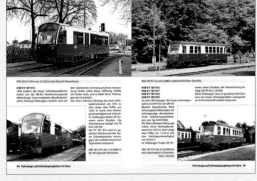

Regionalbahnen in Deutschland

Euregio Verkehrsschienennetz (EVS)

In Stolberg wurde ein elektronisches Stellwerk in Betrieb genommen, das den Verkehr auf dem gesamten EVS-Streckennetz rund um Aachen leitet.

Neu in Betrieb ging der Streckenabschnitt von Alsdorf-Annapark nach Alsdorf-Poststrasse. Die Inbetriebnahme der ganzen Strecke Stolberg-Alsdorf ist für Ende 2012 geplant. Zur Bewältigung der steigenden Verkehrsleistungen wird der Bahnhof Stolberg umgebaut.

agilis Verkehrsgesellschaft mbH & Co. KG

Nachdem die Ausschreibungen von Nahverkehrsleistungen des »Regensburger Sterns« sowie des »Dieselnetzes Oberfranken« von der Hamburger Hochbahn AG (HHA) beziehungs-weise der BeNEX GmbH gewonnen wurden, gründeten diese beiden Gesellschaften im Jahre 2009 das gemeinsame Tochterunternehmen agilis Verkehrsgesellschaft mbH & Co. KG mit Sitz in Regensburg, das am 10. Juni 2009 die Zulassung als Eisenbahnverkehrsunternehmen (EVU) erhielt. Im selben Jahr begann man auch mit dem Bau einer Betriebswerkstätte auf dem ehemaligen Gelände der Zuckerfabrik Regensburg, bekannt als langjähriger Einsatzort der heutigen Museumslok »Zuckersusi« (98 727).

Am 12. Dezember 2010 nahm agilis den Regionalbahnverkehr auf den Strecken Neumarkt (Oberpfalz)-Regensburg-Plattling und Ingolstadt-Regensburg-Landshut mit Elektrotriebwagen des Typs Coradia Continental auf. Ab 11. Dezember 2011 wurde dieses Netz noch um die Stecke Ingolstadt-Ulm erweitert. Der

agilis: Dreiteiliger Coradia Continental 440 409 am 31.8.2011 in Regensburg Ost. Foto: Christian Völk

Triebfahrzeuge der agilis Verkehrsgesellschaft mbH & Co. KG von Christian Völk

Betr.Nr.	Hersteller	Baujahr/Fabriknummer
Coradia Continental (vierteilig)		
440 101 + 441 101 + 441 601 + 440 601 usw. fortlaufend nummeriert bis	Alstom Salzgitter	2010/1001564001
440 108 + 441 108 + 441 608 + 440 608	Alstom Salzgitter	2011/1001564008
Coradia Continental (dreiteilig)		
440 401+ 441 901 + 440 901 usw. fortlaufend nummeriert bis	Alstom Salzgitter	2010/1001563001
440 418 + 441 918 + 440 918	Alstom Salzgitter	2011/1001563018
Regio Shuttle RS1		
650 701 usw. fortlaufend nummeriert bis	Stadler Pankow	2010/38816
650 738	Stadler Pankow	2011/38853

Technische Daten

Bauart	Leistung (kW)	Länge (mm)	Gewicht (t)	Vmax (km/h)	Sitzplätze
Coradia Continental (vierteilig)					
Bo'(Bo)(2)(Bo)Bo'-e	2.880	74.200	147	160	264
Coradia Continental (dreiteilig)					
Bo'(Bo)(Bo)Bo'-e	2.880	57.800	119	160	200
Regio Shuttle RS1					
B'B'-dm	530	25.000	42	120	101

im Jahr 2022 endende Verkehrsvertrag umfasst rund 5,5 Millionen Zugkilometer im Jahr auf einer Streckenlänge von insgesamt 449 km. Zuvor war hier DB Regio mit lokbespannten Wendezügen tätig. Da die Gleise im Betriebswerk Regensburg nicht elektrifiziert sind, werden dort die Triebwagen mit einem Zweiwegefahrzeug rangiert.

Am 12. Juni 2011 übernahm agilis den Betrieb von DB Regio auf mehreren Strecken in Oberfranken und setzt dort Dieseltriebwagen des bewährten Typs Regio-Shuttle RS1 aus dem Hause Stadler ein. Das Netz umfasst die Verbindungen Bad Rodach - Coburg - Lichtenfels-Neuenmarkt-Wirsberg - Bayreuth - Weiden, Bamberg-Ebern, Forchheim-Ebermannstadt, Bayreuth-Weidenberg, Bayreuth-Marktredwitz, Bad Steben-Hof-Münchberg-Helmbrechts und Hof- Selb Stadt. Zusätzlich erfolgen einzelne Fahrten von Bamberg nach Lichtenfels und

agilis: Dreiteiliger Coradia Continental 440 913+ 441 913+440 913 am 31.8.2011 in Neufahrn.

Fotos (2): Christian Völk

Forchheim sowie zwischen Neuenmarkt-Wirsberg und Münchberg. Mit der Übernahme der Strecke Hof-Marktredwitz zum 9. Dezember 2012 wird das Netz seine endgültige Ausdehnung erreichen. Dieser Verkehrsvertrag läuft bis 2023 und umfasst jährlich 4,5 Millionen Zugkilometer auf einer Streckenlänge von 429 km.

Während der Betriebsstart auf dem elektrifizierten Netz weitestgehend problemlos verlief, musste auf den Dieselstrecken in den ersten Monaten immer wieder Busersatzverkehr eingerichtet werden, da agilis nicht genügend Triebfahrzeugführer finden konnte.

Christian Völk

agilis:
Dreiteiliger Coradia Continental 440 901+441 901+440 401 am 31.8.2011 in Köfering.

AKN Eisenbahn AG

Die AKN hat ihre Tochtergesellschaft Schleswig-Holstein-Bahn (SHB) voll in die AG integriert, womit diese Bahngesellschaft nun nicht mehr besteht.

BEHALA: *Lok 10 (links) neu lackiert neben Lok 20 am 13.7.2010 am Lokschuppen im Westhafen.*
Foto: Martin Raddatz

Hafenbahn Aschaffenburg

Neu im Bayernhafen ist Diesellok 293 515 (Adtranz 1999/70110; Rekonstruktion bei Gmeinder 2010; ex BASF; ex DB; ex DR-V 100).

BEHALA
Berliner Hafen- und Lagerhaus mbH, Berlin

Ende Oktober 2011 erhielt die BEHALA eine zweite Streckendiesellok des Vossloh-Typs G 1700 BB. Zur Unterstützung der eigenen Maschine (Lok 20; B´B´dh; Vossloh 2008/5001714; G 1700-2 BB, ex 277 406) wurde von Vossloh die Mietlok 277 805 (B´B´dh; Vossloh 2004/5001536; G 1700-2 BB) angemietet. Sie wurde neu an die HGK Häfen und Güterverkehr Köln ausgeliefert und dort bis in den August 2011 als DH 704 eingesetzt. Bei der BEHALA wurde die rote Lackierung beibehalten, aber mit Aufklebern um die unternehmensspezifische Beschriftung in grün/türkis ergänzt. Die Mietlok wird bei der BEHALA als Lok 21 geführt.

Ergänzend zu dem Bericht in DIE KLEINBAHN Band 20 ist zu berichten, dass BEHALA- Lok 10 (B´B´dh; Krauss-Maffei 1966/19289; M 800 BB) inzwischen in die neuen Unternehmensfarben grün/türkis auf silbernem Grund umlackiert wurde. *Martin Raddatz*

Bocholter Eisenbahn Gesellschaft (BEG)

Neu bei der Bahn sind die Dieselloks 203 007 (LEW 1974/14419) und 203 008 (LEW 1973/13886).

Erfurter Bahnservice GmbH (EBS)

Neu bei der Gesellschaft ist die Diesellok 202 738 (LEW 1974; ex Uwe Adam »Adam 12«, ex DB 202 738).
Die von der EBS gepachtete Anschlußbahn der Lafarge Zement Karsdorf (siehe DK 23, S. 11) konnte Ende 2011 für drei Monate wegen Bauarbeiten an der Strecke Naumburg-Wangen nicht angefahren werden.

Eisenbahn und Verkehrsbetriebe Elbe-Weser (evb)

Die evb hat in einer europaweiten Ausschreibung den Zuschlag für den Betrieb auf der Bahnstrecke Cuxhaven--Bremerhaven-Buxtehude (Weser-Elbe-Netz) erhalten und wird dort im Auftrag der Landesnahverkehrsgesellschaft Niedersachsen (LNVG) und des Senators für Umwelt, Bau und Verkehr der Freien

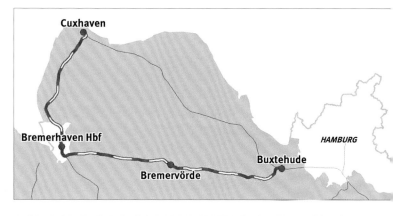

evb: *Streckenplan Buxtehude-Cuxhaven.*   *Skizze: evb/pr.*

Hansestadt Bremen für die kommenden zehn Jahren mit LINT 41 aus dem Fahrzeugpool der LNVG unterwegs sein.

Während die 1981 gegründete evb für den Zugverkehr schon bislang verantwortlich war, übernimmt sie nun auch zwischen Cuxhaven und Bremerhaven den Betrieb und löst damit den Betreiber DB Regio AG ab, für den sie bislang als Subunternehmer tätig gewesen ist.

Der niedersächsische Staatssekretär Dr. Oliver Liersch betonte anlässlich der Betriebsaufnahme am 8.12.2011, dass »durch die Vergabe der Betriebsleistungen im LNVG-Gebiet der Anteil der Privatbahnen von 52% auf 60% gestiegen ist. Ein beachtlicher Wert, denn bundesweit liegt er unter 25%.«

Der Bremer Staatsrat Wolfgang Golasowski freut sich, dass mit dem Fahrplanwechsel noch mehr geschultes evb-Servicepersonal im Zug Präsenz zeigen wird. Beide Länder finanzieren die Aufstockung der heute 40%igen Zugbegleiterquote auf 70%.

evb-Chef Ulrich Koch: »Die Sicherheit unserer Fahrgäste liegt uns am Herzen. Daher wird in allen Zügen in den Abend- sowie in den frühen Morgenstunden zusätzliches Sicherheitspersonal eingesetzt.« Es gilt auch ein generelles Alkoholkonsumverbot.

LNVG-Geschäftsführer Klaus Hoffmeister nennt einen weiteren Pluspunkt: »Zwischen Bremerhaven und Cuxhaven dürfen sich Reisende an den Wochenenden ab sofort auf einen Ein-Stunden-Takt freuen«. Bislang sind die Züge dort noch im Zwei-Stunden-Takt unterwegs. Wegen der touristischen Potenziale des „CUX-Landes" sieht die LNVG überdies »gute Chancen, dass Reisende das zusätzliche Angebot nutzen und die Fahrgastzahlen weiter steigen«, betont der LNVG-Chef, dessen Gesellschaft in Niedersachsen den Nahverkehr auf der Schiene organisiert und dafür jährlich fast 300 Millionen Euro Steuergelder ausgibt.

Eckhard Spliethoff/evb/pr.

erixx GmbH.

Die Sache ist nicht so ganz einfach:

a) Die erixx GmbH. ist eine Tochtergesellschaft der Osthannoverschen Eisenbahnen (OHE).

b) Die OHE sind eine der Bahngesellschaften von Netinera.

c) Netinera ist im Besitz der italienischen Staatsbahn FS und des Finanzdienstleisters CUBE.

Die Erixx GmbH hat die Ausschreibug der Landesnahverkerkehrsgesellschaft Niedersachsen (LNVG) für den Verkehr auf den Strecken Buchholz (Nordheide)-Soltau (Han)-Bennemühlen-Hannover Hbf und Uelzen-Soltau (Han)-Bremen Hbf für acht Jahre gewonnen.

Zunächst wurde das Unternehmen unter dem einprägsamen Namen »Heidekreuzbahn« propagiert. Eine Fahrgastumfrage erbrachte den endgültigen Namen »erixx«, was eine Zusammensetzung aus »eri« für die in der Heide wachsende Pflanze Erika und »x« für Heidekreuz ist. Das zweite »x« soll »die Dynamik eines modernen Schienenverkehrsangebot« verkünden. Vorsichtshalber wurde der Name aber gleich noch ergänzt in »erixx: Der Heidesprinter«.

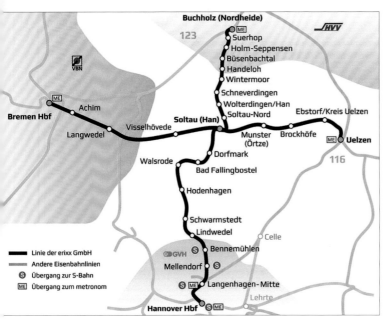

Buchholz (Nordheide)
123
Suerhop
Holm-Seppensen
Büsenbachtal
Handeloh
Wintermoor
Schneverdingen
Woltingen/Han
Soltau-Nord   Ebstorf/Kreis Uelzen
Achim
Bremen Hbf
Langwedel   Visselhövede   Soltau (Han)
Munster   Brockhöfe   Uelzen
(Örtze)
Dorfmark   116
Walsrode
Bad Fallingbostel
Hodenhagen
Schwarmstedt
Lindwedel   Celle
Linie der erixx GmbH   Bennemühlen
Andere Eisenbahnlinien   GVH
Übergang zur S-Bahn   Mellendorf
Übergang zum metronom   Langenhagen-Mitte
Lehrte
Hannover Hbf

erixx GmbH: »Heidekreuz«-Streckenplan. Skizze: erixx/pr.

DB-Netz noch nicht fertig gestellte Gleisbaustellen.
Durch den über die Lüneburger Heide hinweg ziehenden Orkan »Andrea« kam es am 5.1.2012 zu umfangreichen Betriebseinschränkungen, die vor allem durch auf die Gleise gefallene Bäume verursacht worden sind.

Häfen und Güterverkehr Köln (HGK)

Neu bei der Bahn ist Diesellok DH 717 (Vossloh 2001/5001915; Typ G 1000).

Die LNVG beschaffte bei Alstom 26 Dieseltriebwagen LINT 41, die erixx zur Verfügung gestellt wurden. Betriebsleitungssitz wurde Soltau. Reparaturen und Wartungsarbeiten an den Fahrzeugen werden in der OHE/metronom-Werkstätte Uelzen vorgenommen. Für kleinere Arbeiten soll auch die OHE-Werkstätte Soltau genutzt werden.

Der Betrieb wurde am 11.12.2010 mit einigen Anfangsschwierigkeiten aufgenommen. Gründe waren vor allem Verspätungen durch von der LNVG zu eng getaktete Fahrpläne und von

Ilztalbahn (ITB)

Am 16.7.2011 fand die feierliche Wiedereröffnung der 49,5 km langen Ilztalbahn von Passau nach Freyung statt. Dazu verkehrten ein dreiteiliger Regio-Shuttle der Regentalbahn sowie ein vierteiliger Schienenbus der Passauer Eisenbahnfreunde. Die im Jahre 2005 von der DB stillgelegte Strecke wurde im März 2009 für fünfzig Jahre an die ITB verpachtet, die daraufhin die Trasse wieder in Stand setzte. Als Eisenbahn-Infrastrukturunternehmen (EIU) ist die Rhein-Sieg Eisenbahn GmbH (RSE) tätig. Der Regelfahrplan sieht von Ende April bis Ende Oktober an allen Samstagen, Sonn- und Feiertagen drei bis vier Zugpaare mit Regio-Shuttle der Regentalbahn (RBG) vor.
Christian Völk

Lokomotion

Was vor allem in der Schweiz

648 484
RB Hannover Hbf
erixx

erixx: 648 484 im Bahnhof Soltau abfahrbereit nach Hannover Hbf. Foto: erixx/pr.

erixx
Oben: *648 494 im OHE-Bahnhof Soltau.* Foto: erixx/pr.
Ilztalbahn
Mitte: *Schienenomnibus 798 der Passauer Eisenbahnfreunde am 16.7.2011 bei Mayersäge.*
Unten: *Am Eröffnungstag verlässt der 798 der Passauer Eisenbahnfreunde den Bahnhof Waldkirchen in Richtung Freyung.* Fotos (2): Christian Völk

recht häufig praktiziert wird, sieht man hierzulande eher selten - die Beförderung einer Hochzeitsgesellschaft mit der Bahn. Am 6.8.2011 setzte die Lokomotion Gesellschaft für Schienentraktion GmbH einen derartigen Sonderzug von München Ost nach Deisenhofen ein. Die normalerweise nur im Güterverkehr eingesetzten Lokomotiven 185 663 und 185 666 wurden dem Anlass entsprechend geschmückt. *Christian Völk*

Laeger & Wöstenhöfer GmbH & Co. KG Eisenbahnverkehrsunternehmen (L&W)

Neu bei der Gesellschaft ist die Kleinlok L&W 332-002 (Orenstein & Koppel 1963/26331; ex Eurobahn; ex DB 332 093).

Mittelweserbahn GmbH (MWB)

Die MWB hat im November 2011 von DB-Schenker folgende Elloks erhalten:
140 759 (Krupp 1970/5022)
140 761 (Krupp 1970/5024)
140 798 (KM 1971/19525)

Ilztalbahn/Regentalbahn
Oben: VT 19+23+22 im gepflegten Bahnhof Kalteneck.
Foto: Christian Völk

Lokomotion
Mitte: 185 663 vor Hochzeitszug am 6.8.2011 in München Ost.
Unten: 185 666 am Zugschluss des Hochzeitszuges am 6.8.2012 in München-Giesing.
Fotos (2): Christian Völk

Die Loks sollen hauptuntersucht im 1. Quartal 2012 mit ihren bisherigen DB-Betriebsnummern einsatzbereit sein.

NBE Rail GmbH (NBE)

Die Nordbayerische Eisenbahn hat von DB-Schenker die Dieselloks 225 071 (MaK 1970/2000076) und 225 079 (MaK 1970/ 2000084) gekauft und wird sie nach Aufarbeitung bei Alstom in Stendal ab Frühjahr 2012 einsetzen.

Nord-Ostsee-Bahn (NOB)

Ein Triebwagenzug der NOB ist am 13.1.2011 gegen 17.45 Uhr südlich von Niebüll bei Bargum in eine Rinderherde gefahren. Der Steuerwagen wurde vom Bahndamm geschleudert, andere Zugteile entgleisten. Es ist ein Toter zu beklagen. Von der Feuerwehr wurden 23 Fahrgäste unverletzt geborgen. Die Strecke Hamburg-Westerland/Sylt war bis zum 14.1.2012 gesperrt.

NoHAB-Dieselloks

Im Nachtrag zu unserem Bericht in DK 23 (S. 26) ist zu be-

HUSA Transportation Group: 214 012 »Kathleen« rangiert am 3.10.2011 in Neustadt/Donau mit Schrott beladenen Eaos-Wagen von VTG und On Rail, die sie zuvor bei Audi, Ingolstadt, abgeholt hat. Von hier werden die Wagen durch LogServ nach Linz (Österreich) gebracht.   Foto: Rudolf Schneider

richten, dass die NoHAB-Loks My 1143 + 1155 ebenfalls an Altmark Rail verkauft wurden.

Northrail GmbH

Northrail hat 2011 die Lok Revita Twin 1700 in Betrieb genommen. Diese sechsachsige dieselhydraulische Lokomotive für den schweren Rangierdienst und für Streckenfahrten ist ein Neuaufbau der ehemaligen früheren OHE-Lok 200091 »Celle« (Deutz 1963/57649; DG 2000 CCM), von der allerdings nur noch der Rahmen, die Drehgestelle und das Voith-Getriebe vorhanden waren. Das neu konstruierte Führerhaus liegt in der Mitte der Lokomotive.

Technische Daten Revita Twin 1700
Hersteller: KHD/Voith
Motor: 2x Caterpillar 3508 B
Motorleistung: 1.672 kW
V/max: 70 km/h
LüP: 18.540 mm

Verkehrsbetriebe Peine-Salzgitter (VPS)

Die VPS haben achtzehn Diesellok. der neuen Vossloh-Loktype G6 D gekauft:
Betr.Nr.: 601-618
Hersteller: Vossloh Locomotives
Typ: G6 D
Motor: Cummins QSK-23-L
Getriebe: Voith hydrodynamisch
Baujahr: ab 2011
LüP: 10,79 m
Größte Breite: 3,08 m
Größte Höhe: 4,31 m
Radsatzstand: 1,70/2,70 m
Gesamtradsatzstand: 4,40 m
Dienstmasse: 60 t
V/max: 80 km/h
Rangiergang: 3 km/h
Ausrüstung: INDUSI, SIFA. Zugbahnfunk
Da die Loks sich bewährt haben, wurden weitere 22 Loks vom gleichen Typ bei Vossloh

Osthannoversche Eisenbahnen AG (Winsen-Niedermarschacht)
Oben: *Das jetzige Streckenende in einer chem. Fabrik in Niedermarschacht (22.10.2011).*
Mitte: *Früherer OHE-Bahnsteig in Winsen/Luhe auf dem DB AG-Bahnhofsvorplatz.*
Fotos (2): I. Zeunert
Nordwestbahn (S-Bahn Bremen)
Unten: *ET 440 338 + 440 343 am 18.3.2011 in Syke.*
Foto: Dieter Riehemann

Locomotives bestellt, die ab 2013 geliefert werden sollen. Die VPS haben ihren ehemalige Triebwagenzug T 1 »Hüttenflitzer« (Linke-Hofman-Busch, Bj. 1957) zurückgekauft. Er war 1979 nach Italien verkauft worden, wurde aber bereits 1992 bei der in der Nähe von Turin verkehrenden italienschen Privatbahn Gruppo Torinese Trasporti (GTT) in deren Endbahnhof Pont Canavese abgestellt. Er soll zunächst äußerlich wieder hergerichtet werden.

Von der Schachtanlage Konrad wurde von 1984 bis 2008 auf der Schiene Abraum in den früheren Tagebau Haverlahwiese transportiert. Da die Bahnanlagen der Grubenanschlussbahn und der sogenannten »öffentlichen Strecke F« nicht mehr benötigt werden, fand ab August 2011 der Abbruch der Gleisanlagen statt.

Osthannoversche Eisenbahnen AG (OHE)

Auf der OHE-Strecke Winsen/Luhe-Niedermarschacht

IHS/Rübelandbahn: 95 027 fährt am 3.10.2011 aus Wernigerode aus.   Foto: Jürgen Steimecke

wird noch Güterverkehr mit Kesselwagen zu einer chemischen Fabrik in Niedermarschacht gefahren. Das Gleis endet heute hinter einem Fabriktor an der Werkverladeanlage. Das Reststück zum ehemaligen Endbahnhof am Elbdeich ist abgebrochen worden.   *I. Zeunert*

Interessengemeinschaft Harzer Schmalspurbahnen / Rübelandbahn

Am 3.10.2011, dem »Tag der Deutschen Einheit«, stattete die »Bergkönigin« 95 027 der Stadt Wernigerode einen nicht alltäglichen Besuch ab. Die »Interessengemeinschaft Harzer Schmalspurbahnen« organisierten von Wernigerode aus eine Sonderfahrt nach Rübeland und zurück. Die Fahrt ging über die Kursbuch-

IHS/Rübelandbahn
95 027 am 3.10.2011 vor Sonderzug in Wernigerode.
          Foto: Jürgen Steimecke

teilstrecke 330 Wernigerode-Halberstadt sowie über die KBS 328 Halberstadt-Blankenburg/ Harz. Ab Blankenburg/Harz wurde die Fahrt auf der Rübelandbahn bis nach Rübeland hinauf fortgesetzt. Während dieser Sonderfahrt bestand die Möglichkeit Räumlichkeiten des »Brücke e.V.« sowie die Einsatzstelle der Osthavelländische Eisenbahn (hvle) in Blankenburg/ Harz zu besichtigen.   *Jürgen Steimecke*

Rhein-Sieg Eisenbahn (RSE): VT 25 holt den VT 9 bei der SWEG ab.   Foto: RSE/pr.

Eisenbahn-Gesellschaft Potsdam mbH (EGP)

Neu bei der Bahngesellschaft sind die
DP 21 (LWE 1971/12945; V60D ex Deutsche Privatbahn)
DP 22 (LEW 1971/15609; V60D ex Deutsche Privatbahn).
Von DB-Schenker wurden folgende ex DB-El-loks gekauft:
139 285 (Krauss-Maffei 1963/18954, ex 110 285)
140 824 (Krupp 1972/5161)
140 853 (Henschel 1972/31704)
140 857 (Henschel 1972/31697)
140 876 (Henschel 1973/31722).
Die Prignitzer Eisenbahn ist nicht mehr das verantwortliche Eisenbahn-Verkehrs-Unternehmen für die im Besitz des Landkreises Prignitz befindliche Strecke Pritzwalk-Putlitz, die an den Putlitz-Pritzwalker Eisenbahnförderverein (PPEFV) verpachtet ist. Noch Ende 2011 sollte nun die EPG den Betrieb sowohl als Eisenbahn-Infrastruktur-Unternehmen (EIU) als auch als Eisenbahn-Verkehrs-Unternehmen (EVU) übernehmen.
Fahrzeuge dort im Einsatz:
Doppelstock-Schienenbus
VT 670.3 (DWA 1996/1.571/3)
Doppelstock-Schienenbus
VT 670.4 (DWA 1996/1.571/4)
Reservefahrzeuge:
Schienenbus 798 610 (Uerdingen 1956/61965)
Schienenbus 798 667 (Uerdingen 1959/66552)
Zur Zeit wird eine ehemalige DB-Werkhalle in Wittenberge für die EGP-Tochter Schienenfahrzeugbau Wittenberge GmbH (SFW) als Werkstatt ausgebaut. Was aus der bisherigen Werkstatt in Meyenburg werden soll ist noch nicht entschieden.

Private Car Train GmbH (PCT)

Von Vossloh zu PCT kam die ex HGK-Diessellok DH 701 (Vossloh 2004/5001489).

Rhein-Sieg Eisenbahn GmbH (RSE)

Der MAN-Schienenbus VT 9 (MAN 1969/151436) wurde von der SWEG gekauft und von Neckar-

Teutoburger Wald-Eisenbahn (TWE): V 131 am 12.3.1977 bei Harsewinkel. Foto: Dieter Riehemann

bischofsheim nach Bonn-Beuel überführt. Nach einer Hauptuntersuchung wird er 2012 in der Eifel zwischen Kall und Hellenthal zum Einsatz kommen. Der bisher dort fahrende VT 23 wird zurück nach Bonn-Beuel umgesetzt. Die RSE besitzt nunmehr vier MAN Schienenbusse, von denen drei (VT 9, VT 23, VT 25) betriebsfähig sind und einer (VT 6) abgestellt ist.

Die 1995 gegründete Rhein Sieg Eisenbahn GmbH betreibt mit Stichtag 17.10.2011 als Eisenbahninfrastrukturunternehmen (EIU) bundesweit insgesamt über 200 Streckenkilometer:

Bonn-Beuel - Sankt Augustin - Hangelar (4,5 km)

Bad Endorf - Obing (10,3 km)

Neumarkt-Sankt Veit – Frontenhausen-Marklkofen (25,7 km)

Passau - Freyung (49,5 km)

Rhaden - Uchte (25,1 km)

Rinteln - Stadthagen (20,4 km)

Kall - Hellenthal (17,2 km)

Osberghausen-Hermesdorf-Waldbröl(23,6 km)

Hermesdorf - Morsbach (07,1 km)

Caroline Klän/RSE/pr.

Stauden Verkehrs-Gesellschaft (SVG)

Die Bahngesellschaft wurde durch den Kauf von drei Elloks der ÖBB-Reihe 1142 bekannt, die in der ÖBB-Hauptwerkstätte Linz blau lackiert worden waren. Von den drei Elloks gehören heute zwei Maschinen der northrail GmbH und eine Maschine der Eisenbahn-Service Gesellschaft (ESG). Die SVG setzt nur noch die 1142 579 von northrail als Mietlok ein. L.

Teutoburger Wald-Eisenbahn (TWE)

Diesellok V 131 wurde in der Nacht vom 9. zum 10.11.2011 bei einem Rangierunfall in Hamburg schwer beschädigt. Sie überfuhr unweit des S-Bahnhofs Mittlerer Landweg auf einem Nebengleis einen Prellbock und stürzte anschließend vornüber auf eine tiefer liegende Strasse.

Wegen maroden Bahndamms wurde der Streckenabschnitt von Bad Iburg bis Bad Laer für den Zugbetrieb gesperrt.

Ab dem 5. September 2011 erhielt der Wirtschaftsraum Ostwestfalen eine direkte Schienenanbindung zur Logistikdrehscheibe Europas. Mit dem von der Duisburger Hafen AG (Duisport) durch deren Tochterunternehmen duisport agency betriebenen »Westfalica-Shuttle« wurde das wiedereröffnete Terminal der Teutoburger Wald-Eisenbahn-AG (TWE) in Gütersloh-Spexard an den Duisburger Hafen und sein nationales und europäisches Netzwerk im kombinierten Verkehr angeschlossen. Mit zunächst vier Abfahrten pro Woche bietet der »Westfalica Shuttle« nicht nur Stellplätze für Container und Wechselbehälter, sondern auch für kranbare Sattelauflieger. Durch diesen Verkehr werden an die 17.000 LKW-Fahrten pro Jahr eingespart.

Verband Deutscher Verkehrsunternehmen (VDV)

Personalien

Die etwa 140 im VDV organisierten Schienengüterverkehrsunternehmen haben auf ihrer Verwaltungsratssitzung am 21.10.2011 Diplom-Volkswirt **Ulrich Koch** (60) zu ihrem neuen Vorsitzenden gewählt. In dieser Funktion übernimmt Herr Koch ab sofort auch das Amt des VDV-Vizepräsidenten. Der Verband ist in insgesamt fünf Sparten mit jeweils einem Verwaltungsrat gegliedert. Die Vorsitzenden der fünf Verwaltungsräte sind zugleich als ehrenamtliche VDV-Vizepräsidenten tätig.

Ulrich Koch freut sich auf die neue Aufgabe: »Ich bedanke mich für das Vertrauen des Verwaltungsrates und nehme die Wahl sehr gerne an. Mir ist natürlich bewusst, dass ich kein einfaches Erbe antrete, denn Dr. Bender hat die Interessen der Schienengüterverkehrsunternehmen im Verband über viele Jahre hervorragend vertreten.« Der neue VDV-Vizepräsident ist seit 1994 Geschäftsführer der Eisenbahnen und Verkehrsbetriebe Elbe-Weser GmbH und verfügt damit über große Erfahrung in allen Fragen und Themen rund um den Schienengüterverkehr. Zudem engagiert er sich seit 1995 in verschiedenen Funktionen und Gremien ehrenamtlich im VDV. »Ulrich Koch ist mit seiner Verbandserfahrung und seinem umfassenden Know-how genau die richtige Wahl. Ich wünsche ihm für diese neue Aufgabe viel Erfolg«, so Präsident Jürgen Fenske.

Für die zehnjährige Amtszeit als VDV-Vizepräsident bedankte sich Jürgen Fenske nochmals bei Dr. Bender: »Er hat die Schienengüterverkehrssparte im Verband über zehn Jahre entscheidend geprägt. Insgesamt war Dr. Bender vierzehn Jahre ehrenamtlich im VDV tätig, dafür gebührt ihm großer Dank.« Dr. Bender legte sein Amt als Vizepräsident im Sommer 2011 aus Altersgründen zusammen mit seiner Tätigkeit als Vorstandssprecher der Häfen und Güterverkehr Köln AG nieder.

Rahime Algan/VDV/pr.

Herr **Oliver Wolff** (45) ist am 18.11.2010 in Potsdam vom Präsidium des Verbands Deutscher Verkehrsunternehmen (VDV) einstimmig zum neuen Hauptgeschäftsführer bestellt worden. Er tritt damit die Nachfolge von Dr. Claudia Langowsky an. Oliver Wolff ist derzeit Abteilungsleiter im Ministerium für Wirtschaft, Energie, Bauen, Wohnen und Verkehr des Landes Nordrhein-Westfalen. Dort leitet er die Abteilung VI, die sich mit Grundsatzfragen der Mobilität, Luftverkehr, Schifffahrt, Logistik, Eisenbahnen und ÖPNV beschäftigt.

»Mit Oliver Wolff bekommt der Verband einen exzellenten Kenner der deutschen Verkehrspolitik als neuen Hauptgeschäftsführer. Als Leiter des Arbeitskreises Öffentlicher Personenverkehr der Verkehrsministerkonferenz hat er die politischen Entwicklungen des öffentlichen Verkehrs in Deutschland in den letzten Jahren bereits aktiv mit gestaltet. Von seiner Erfahrung und seinem politischen Netzwerk wird der Verband profitieren«, zeigt sich VDV-Präsident Jürgen Fenske überzeugt.

Oliver Wolff sieht in der neuen Aufgabe eine spannende Herausforderung:»Der VDV ist der wichtigste und größte Verband für Öffentlichen Personennahverkehr und Schienengüterverkehr in Deutschland. Als Hauptgeschäftsführer möchte ich die großen verkehrspolitischen Ziele und Herausforderungen, die auf die Branche zukommen, aktiv und im Sinne unserer Mitglieder entwickeln und gestalten.«

Lars Wagner/VDV/pr.

VDV Mitglied im CER

Der Verband Deutscher Verkehrsunternehmen

VDV-Vizepräsident Dipl.-Volkswirt Ulrich Koch.
Foto: VDV/pr

VDV-Hauptgeschäftsführer Oliver Wolff.
Foto: VDV/pr.

(VDV) ist ab sofort Mitglied im größten europäischen Bahnverband CER (Communauté européenne du rail). Der Verband hatte dem Mitgliedsantrag des VDV am 19.12.2011 stattgegeben, und zwar einstimmig. »Eine adäquate Interessenvertretung auf europäischer Ebene wird für unsere Branche gerade im Eisenbahnbereich immer wichtiger. Daher ist unsere Mitgliedschaft bei der CER ein logischer und notwendiger Schritt«, so VDV-Hauptgeschäftsführer Oliver Wolff.

Johannes Ludewig, Exekutivdirektor der CER, sieht im VDV ein wichtiges neues Mitglied: »Die Mitgliedschaft des VDV ist eine große Bereicherung. Daher bin ich persönlich sehr erfreut darüber, dass der Beitritt noch vor Ende meiner Zeit als Exekutivdirektor vollzogen worden ist.«

Die CER, mit Sitz in Brüssel, vertritt die Interessen ihrer etwa 70 Mitglieder gegenüber europäischen Institutionen und Entscheidungsträgern. Dabei steht die Förderung der Eisenbahn als zukunftsträchtiges und nachhaltiges Transportmittel im Vordergrund.

Lars Wagner/VDV/pr.

Finanzierungsmittel
zur Verbesserung der Infrastruktur

Die schwarz-gelbe Koalition hat sich im November 2011 auf einem Koalitionsgipfel in Berlin u.a. auf zusätzliche Finanzierungsmittel zur Verbesserung der Verkehrsinfrastruktur geeinigt. Demnach sollen im Jahr 2012 eine Milliarde Euro zusätzlich für die Verkehrswege zur Verfügung stehen. Der Verband Deutscher Verkehrsunternehmen (VDV) begrüßt den Entschluss des Koalitionsausschusses, mehr Mittel in den Ausbau und Erhalt der deutschen Infrastruktur zu investieren. »Positiv ist, dass endlich Bewegung in das Thema kommt. Die Schieneninfrastruktur in Deutschland ist, sowohl im Personen- als auch im Güterverkehr, chronisch unterfinanziert und benötigt dringend mehr Investitionsmittel«, so Oliver Wolff, Hauptgeschäftsführer des VDV. »Wir hoffen daher, dass Bundesregierung und Bundestag diese zusätzlichen Mittel für die Beseitigung der Engpässe im Schienennetz festschreiben und für die nächsten Jahre verstetigen«, erklärt Wolff. Allein für die Nichtbundeseigenen Eisenbahnen (NE-Bahnen) gibt es einen jährlichen Finanzierungsbedarf von 150 Millionen Euro. »Im Koalitionsvertrag steht, dass auch die rechtlichen Voraussetzungen für die Finanzierung der NE-Bahnen geschaffen werden sollen. Diesen Ankündigungen müssen jetzt auch Taten folgen.«

Der VDV erwartet, dass zusätzliche Finanzierungsmittel für den Investitionsbedarf der NE-Bahnen unverzüglich bereit gestellt werden.

Lars Wagner/VDV/pr.

VRR: Talent-Triebwagen 1007-2/1 am 8.6.2011 im Endbahnhof Kaarster See.   Foto: Helmut Müller

Verkehrsverbund Rhein-Ruhr (VRR)
S28 Regiobahn
Mettmann-Stadtwald - Kaarster See

Die Streckenlänge der Regiobahn beträgt 34 km, davon entfallen 18 km auf die S28. Vorhanden sind 12 Dieseltriebwagen mit 2x315 kW Leistung. In jeden Doppeltriebwagen gibt es 98 Sitz- und 100 Stehplätze. Dazu kommt noch ein großes Abteil für Fahrräder und Kinderwagen. Täglich fahren ca. 19.000 Fahrgäste mit der Regiobahn. Betriebsmittelpunkt ist der Bahnhof Mettmann-Stadtwald. Hier befindet sich die große Werkstatt, eine Triebwagenwaschanlage und das Kunden-Center. Die Linie S28 des VRR ist an Wochentagen im 20-Minuten-Takt des VRR eingebunden. An den Wochenenden wird im 30-Minuten-Takt gefahren. Die Triebwagen sind innen und außen sehr sauber, und das Begleitpersonal ist sehr freundlich. In jedem Triebwagen befindet sich ein Fahrkartenautomat. Die Fahrzeit vom Bahnhof Mettmann-Stadtwald zum Kaarster See dauert für die 34 km Streckenlänge ca. 47 Minuten. Umsteigemöglichkeiten in andere S-Bahnen des VRR und in Fernzüge gibt es in den Bahnhöfen Düsseldorf Hbf, Neuss Hbf und Düsseldorf-Gerresheim. Hier zweigt die S28 nach Mettmann-Stadtwald von der Hauptstrecke Düsseldorf-Wuppertal ab. Auf dem Streckenabschnitt Mettmann-Stadtwald - Düsseldorf-Gerresheim verkehren noch Kalkzüge der Neusser Eisenbahn, meist gezogen von Lok 9 der NE (siehe DIE KLEINBAHN, Band 13). Die Regiobahn gilt in ihrem Einzugsgebiet von ca. 2,5 Millionen Einwohnern als erfolgreiches Nahverkehrsmittel. An den meisten Bahnhöfen gibt es gute Umsteigemöglichkeiten in VRR-Buslinien. Die Regiobahn S28 hat folgende Gesellschafter: Stadt Kaarst, Rheinkreis Neuss, Stadtwerke Neuss, WSW mobil, Kreis Mettmann und Stadt Düsseldorf. Die Strecke soll noch nach Wuppertal-Vohwinkel verlängert werden.   *Helmut Müller*

WEG-Nebenbahn Korntal-Weissach

Mit der Aufarbeitung der Strecke Korntal-Heimerdingen wurde im August 2011 begonnen. 2012 sollen die Arbeiten abgeschlossen werden. Bei Stadler wurden acht Triebwagen vom Typ RegioShuttle bestellt.

Vectus
Verkehrsgesellschaft

Betrieb
Oberwesterwaldbahn
Limburg-Altenkirchen-
Au an der Sieg

Zur Entlastung der eigenen LINT-Flotte setzt das Unternehmen auf der Strecke von Limburg nach Au verstärkt GTW der Hessischen Landesbahn aus Butzbach ein. Per Stand Mai 2011 waren bis zu drei dieser Fahrzeuge gleichzeitig im Regelbetrieb zu sehen. Betreut werden sie durch die Werkstatt der Westerwaldbahn in Bindweide, die bereits Erfahrung hiermit hat.

Im Frühjahr 2011 stellte sich die Situation auf dieser Strecke so dar: Güterverkehr gibt es weiterhin nur durch die Westerwaldbahn von Au an der Sieg nach Altenkirchen und weiter auf der Holzbachtalbahn bis zum Behälterwerk Schütz in Selters. Holzumschlag an der Militärrampe östlich von Langenhahn hat es nicht mehr gegeben. Hier hatten private Logistikunternehmen für umfangreiche Transporte gesorgt. Von den Verladeanla-

VRR-Regiobahn S 28
Oben: *VT 1002-1/2 (links) und VT 1005-1/2 sowie ein weiterer VT im Endbahnhof Mettmann-Stadtwald.*
Mitte: *VT 1012-1/2 im Endbahnhof Mettmann-Stadtwald.*
Unten: *Bahnhof Mettmann-Stadtwald.*
*Fotos (3) vom 7.6.2011:
Helmut Müller*

Vectus Limburg-Au: *VT 127 (rechts) und VT 205 am 4.5.2011 im Bahnhof Westerburg.*

gen der Schotterwerke im Einzugsbereich des Bahnhofs Erbrach - Bad Marienberg ist nicht mehr viel zu sehen. So wurden jetzt die Bunker und Gleisanlagen zum Werk am Bahnhof Rotenhain abgebrochen.

Die von der DB Netz AG immer wieder angekündigten, umfangreichen Rückbaumaßnah-

men (hier besonders in Erbach-Bad Marienberg, Rotenhain und Langenhahn) wurden bis zum Frühjahr 2011 nicht durchgeführt. Auf Teilbereichen der stillgelegten Trasse von Erbach-Bad Marienberg nach Bad Marienberg entsteht derzeit ein Rad- und Wanderweg. Dieser wird aus Kostengründen nicht über das markante Nistertalviadukt führen. Weiter ungeklärt ist die Situation für die ebenfalls stillgelegte Verbindung von Westerburg nach Rennerod. Die begonnenen Freischneidearbeiten durch die IG. Westerwald-Querbahn e. V. (siehe DK 20, S. 21 - 24 und DK 21, S.29) wurden wegen

Vectus Limburg-Au:
VT 127 am 4.5.2011 in Westerburg.

*Alle Vectus-Fotos von
Joachim Schwarzer*

Vectus Limburg-Au: VT 123 (links) und VT 127 am 4.5.2011 im Bahnhof Hachenburg

der Klärung rechtlicher Dinge vorerst ausgesetzt. Während die Kommunen weiterhin einen Rad- und Wanderweg zur Ergänzung des bestehenden Netzes für sinnvoll halten, möchte die Interessengemeinschaft zu gegebener Zeit einen historischen Zugverkehr anbieten. Hierbei soll die unter Denkmalschutz stehende und betrieblich gesperrte Westerburger Talbrücke nicht befahren werden. Damit entfielen für den Verein die Umsteigemöglichkeiten im Bahnhof Westerburg und die Einbeziehung des dortigen Erlebnisbahnhofs mit den Bw-Anlagen direkt an der Brücke.

Vectus Limburg-Au

Bahnhof Westerburg am 4.5.2011. Rechts ging es nach Westerburg-Mitte, in der Mitte liegen das Bw und der Erlebnisbahnhof, und links ist die Ausfahrt nach Altenkirchen.

Betrieb Unterwesterwaldbahn Limburg-Montabaur-Siershahn

Neben den ein- und zweiteiligen LINT von Vectus, von denen zwei ab dem Bahnhof Siershahn eingesetzt werden, ist Dank der Rohtonabfuhr noch recht umfangreicher Güterverkehr zu beobachten. Hierfür werden vierachsige Taems-

Wagen in der Regel mit Loks der BR 294 der DB Schenker AG eingesetzt. Bei einigen, wenigen Leistungen kann man die in Limburg stationierten Maschinen der BR 225 sehen. Die in der Fachpresse immer wieder abgedruckten Güterzugfahrpläne können lediglich als Richtwerte gelten. Je nach Aufkommen werden Fahrten vorverlegt, oder sie fallen aus. Für Abwechselung sorgen ferner private Logistikanbieter, die Schüttgutwagen mit Erdaushub von Cochem an der Mosel zunächst nach Montabaur und dann weiter zu einer Entladestelle zwischen Meudt und Wallmerod an der Westerwald-Querbahn bringen.

In den Knoten Staffel und Siershahn gibt es (noch) Flügelformsignale, die örtliche Fahrdienstleiter bedienen. Der ICE-Bahnhof Montabaur, sowie die Stationen Steinefrenz und Goldhausen werden ferngesteuert und haben Lichtsignale. In Steinefrenz waren im Mai auf den nicht mehr genutzten Betriebs- und Gütergleisen eine Vielzahl an Schadgüterwagen abgestellt. Das Gelände des alten DB-Bahnhofs in Montabaur wird derzeit durch die örtliche Stadtverwaltung neu

Vectus Limburg-Siershahn

Oben: VT 258 am 4.5.2011 im ICE-Bahnhof Montabaur.
Mitte: VT 209 fährt am 4.5.2011 aus Siershahn nach Limburg aus.
Unten: VT 258 am 4.5.2011 in Siershahn. Es gibt doch noch schöne Landbahnhöfe!

Vectus Limburg-Siershahn: VT 207 von Montabaur am 4.5.2011 bei der Einfahrt nach Siershahn. Rechts DB-Schenker 294 578 mit Güterzug Richtung Walmerod.

gestaltet. Auf den gleislosen Flächen entsteht das Neubaugebiet »Aubachviertel«, wo man zu relativ günstigen Preisen voll erschlossene Grundstücke erwerben kann.

Die im ICE-Bahnhof Montabaur abzweigende Güterzugestrecke nach Wallmerod wird ausschließlich für den Transport von Tonerde und den vorgenannten Erdaushub genutzt.

Arg gerupft ist der Knoten Siershahn, wo noch ein Stellwerk, gleichzeitig auch Schrankenposten, besetzt ist. Die nach Norden führende Strecke in Richtung Altenkirchen wird bis Selters als Privatanschluss der Firma Schütz betrieben, die in der Regel an Montagen bis Freitagen zwei- bis dreimal mit einer Werkslok diesen Abschnitt befährt. Durchgehenden Planverkehr nach Altenkirchen gibt es nicht. Gelegentlich rollen einzelne Son-

derzüge über die Gesamtstrecke, wobei diese das Werksgelände durchfahren müssen. Weil dieses komplett eingezäunt ist, gibt es hier auch keinerlei Fotografiermöglichkeit. Die von Siershahn nach Süden führende Brexbachtalbahn zum Knoten Engers, bzw. Neuwied, die auf private Initiative wieder hergerichtet wird, kann im Ist-Zustand bis Grenzau befahren werden. *Joachim Schwarzer*

Vectus Limburg-Siershahn
Bahnhof Siershahn aus Richtung Altenkirchen gesehen.

Lokalbahnen in Österreich

Linz-Mühlbacher Bahnhof der VÖESTCargo

Am 20.3.2010 trafen sich hier Ellok Reihe 1216 unterschiedlicher Eisenbahn-Verkehrs-Unternehmen (EVU): VÖEST CargoServ 1216 931 (links), Salzburger Lokalbahn 1216 940 (hinten) und Adria/GKB 1216 922 (vorn).

Foto: Dr. Stefan Lueginger

Berchtesgadener Land Bahn (BLB)

Während am 24.12.2011 die Glocken im Berchtesgadener Tal zur Krippenandacht riefen, wartete der BLB-ET 132 in Berchtesgaden Hbf. auf die Abfahrt nach Freilassing. Bei nasskaltem und eisigen Wetter bot der SPNV auch am Heiligen Abend eine wichtige Nahverkehrsqualität.

Foto: Gunter Mackinger

STLB-Lokalbahn Feldbach-Bad Gleichenberg

Die Remise der Lokalbahn in Feldbach.

Foto: Dr. Stefan Lueginger

**STLB-Lokalbahn
Feldbach-Bad Gleichenberg**
In der Remise stehen am
27.12.2010 die Ellok 41 und der
ET 1.

**STLB-Lokalbahn
Feldbach-Bad Gleichenberg**
Auf der Lokalbahn gibt es noch
immer Güterverkehr. ET 2 rangiert am 27.12.2010 in Feldbach.

**Stern + Hafferl (St+H)
Linzer Lokalbahn (LILO)**
ET 22 154 und 22 155 (links) am
6.7.2011 aus Linz kommend in
Eferding.
 Fotos (3): Dr. Stefan Lueginger

Stern + Hafferl
V 20 012 am 7.7.2011 in Aschach.

Fotos (3): Dr. Stefan Lueginger

Graz-Köflacher Eisenbahn (GKB)
Diesellok 1700.1 fuhr am 31.12.2010 mit einem Doppelstockwagenzug von Wies-Eibiswald nach Graz Hbf. über die neu eröffnete Teilstrecke der Koralmbahn von Wettmannstätten nach Werndorf, im Bild bei St. Peter im Sulmtal.

Graz-Köflacher Eisenbahn (GKB)
Im Graz - Köflacherbahnhof brachten losgerissene Güterwagen die GKB-Leihlok 218 256 am 4.11.2010 zum Entgleisen, wobei sie gegen einen Fahrleitungsmast gekippt wurde. Nach Wiederaufrichtung hat man die Lok in den GKB-Lokschuppen gezogen. Das Bild zeigt sie am 22.4.2011 dort abgestellt.

Locon
Die von LOKON geliehene ES 64 F4 - 206 am 7.4.2011 im Bahnhof Linz-Untergaumberg.

Lokomotion
Ellok 139 213 mit »Schnee Express« Mallnitz - Hamburg am 26.2.2011 im Bahnhof Schwarzach-St. Veit.

Logistik und Transport-GmbH (LTE)
185 577 am 9.6.2009 in Linz Hbf.
 Fotos (3): Dr. Stefan Lueginger

**STLB-Landesbahn
Gleisdorf-Weiz**
Diesellok 20 003 rangiert am
27.12.2010 in Weiz.

**STLB-Landesbahn
Gleisdorf-Weiz**
Der neue STLB 5062 003 in den
Farben der Steiermark-S-Bahn
am 27.12.2010 in Weiz.

**STLB-Landesbahn
Peggau Übelbach**
Der STLB kam, auch im Durch-
lauf nach Graz Hbf., der ex
MBS-ET 10.104 zu Hilfe. Der
Triebwagen ist im Besitz von
ProBahn Vorarlberg. Rechts ET
10.104 am 31.12.2010 im Bf.
Übelbach. Links die, weil da-
mals noch nicht zugelassen,
abgestellten Stadler-GTw 4062
001 und 4062 003.
 Fotos (3): Dr. Stefan Lueginger

STLB-Landesbahn Peggau-Übelbach

Dank der nunmehr erfolgten Zulassung der Stadler GTW verändert sich das Gesicht der STLB-Landesbahn Peggau - Übelbach jetzt nachhaltig. Sie stellen sicherlich den zweiten großen Einschnitt in der Geschichte dieser kleinen Bahn dar. 1919 als Gleichstrombahn gebaut, erfolgte 1968 der Umbau auf Wechselspannung nach dem ÖBB-System. Durch die verzögerte Inbetriebnahme der GTW kam es im Jahr 2011 zu hochinterssanten Einsätzen von Leihtriebwagen. Mit den Neubautriebwagen 4062 001-003 und dem Schlepptriebwagen ET 15 stehen erstmals in der Geschichte dieser Bahn vier Triebfahrzeuge dem Betriebsdienst zur Verfügung.

Gunter Mackinger

STLB-Landesbahn Peggau-Übelbach

Oben: Zwei Triebfahrzeuge westösterreichischer (!) Privatbahnen trafen sich am 30.12.2010 in Graz Hbf.
Ellok 91 der Salzburger Lokalbahn vor einem Güterzug der LTE und der ET 10.104 ex Montafonerbahn, welcher im Auftrag der STLB unterwegs war, weil die Stadler-ET noch keine Zulassung hatten.

Foto: Philipp Mackinger

Mitte: Die neuen Triebwagen (.v.l.) 4062 003, 4062 002 und 4062 001 am 20.11.2011 in Übelbach.

Foto: Gunter Mackinger

Unten: Stadler-GTW 4062 001 am 22.4.2011 in Übelbach.

Foto: Dr. Stefan Lueginger

Dr. Stefan Lueginger

WESTbahn

Die WESTbahn Management GmbH Österreich ist die Schieneverkehrstochter der Rail Holding, deren Eigentümer zu 52% Dipl. Ing. Haselsteiner (Baukonzern STRABAG) und Dipl. Ing. Dr. Wehinger (ehemaliger Vorstand Personenverkehr der ÖBB), 26% die SNCF und 22% die Schweizer Beteiligungsfirma Augusta Holding AG sind.

Wie alle Privatbahnen hat auch die Rail Holding einen sehr schlanken Apparat und steht zur Devise, dass jeder Zug gewissermaßen den dort eingeteilten Mitarbeiterinnen und Mitarbeitern »gehört«, sie sich also um »ihren Zug« entsprechend kümmern. Das kennen wir zum Beispiel schon von der Zillertalbahn, der Salzburger Lokalbahn oder von Stern und Hafferl. Das ist auch notwendig, weil die Wendezeiten in den Endbahnhöfen ziemlich kurz sind.

Die WESTbahn ist die erste private Bahnverwaltung in Österreich, die kein eigenes Streckennetz hat und die neue Liberalisierung des Schienen-Personenverkehrs nach EU-Recht nützt.

Die WESTbahn befährt ab 11.12.2011 die Westbahnstrecke von Wien-Westbahnhof nach Freilassing mit Halten in St. Pölten, Amstetten, Linz Hbf, Wels Hbf, Attnang-Puchheim und Salzburg Hbf. Zwei Frühzüge gehen auch ab Linz Hbf direkt nach Wien West, weshalb in Linz in Kooperation mit LogServ eine eigne Wartungshalle errichtet wurde, in der zwei Züge gleichzeitig betreut werden können. Der Fahrplan ist nach den Bedürfnissen der Fahrgäste eine Mischung aus Ein- und Zweistundentakt. Die WESTbahn-Züge können von Pendlern im Rahmen der Verkehrsverbünde benützt werden, allerdings nicht mit ÖBB Fahrkarten. Zum Einsatz kommen Stadler-Doppelstock-Elektrotriebwagen Reihe 4010.

Die WESTbus GmbH gehört zu 51% dem Busunternehmen Blaguss und zu 49% der Rail Holding. Sie bietet derzeit zeitlich abgestimmt mit

WESTbahnzug bei der Einfahrt in den Servicebahnhof.   *Alle Fotos von Dr. Stefan Lueginger*

den Zügen der WESTbahn folgende Verbindungen an: München-Salzburg-Villach-Klagenfurt-St. Michael-Wien und Prag-Budweis-Linz-St. Michael-Graz. Aktuell wird jede Relation zweimal täglich befahren.

Die Fahrpreise sind auf die Tickets der ÖBB abgestimmt. Linz-Salzburg kostet bei WESTbahn genau so viel wie bei den ÖBB mit Vorteilscard und ist demnach um 45% billiger als der Vollpreis bei den ÖBB. Der Bus zwischen Linz und Graz kostet je Richtung EUR 19,00, das ist deutlich günstiger als die ÖBB. Er benötigt für die Strecke 2 Stunden 40 Minuten, das ist die Zeit vom EC 100/101 »Jose Plecnik« (Prag-Laibach), dem ehemals letzten Schnellzuges zwischen Linz und Graz. Mit den ÖBB benötigt man derzeit mindestens 4 Stunden (für ca. 250 km).

Der wichtigste Unterschied zwischen ÖBB und WESTbahn ist wohl, dass die Karten im Zug (bzw. im Bus) ohne Aufpreis oder »Strafzuschlag« gelöst werden können.

Für die WESTbahn stehen aktuell sieben Garnituren des sechsteiligen elektrischen Doppelstocktriebzugs KISS der Stadler Altenrhein AG mit der Baureihenbezeichnung

Oben:
Businessabteill im Oberge-schoss.

Mitte:
Eingangsbereich und Aufstieg zum Obergeschoss.

Unten:
Nichtraucher-Café im Unterge-schoss.

Blick in die Servicehalle.

51 87 4010 zur Verfügung. Gesamtlänge des Zuges ist 150 Meter, Gewicht 296 Tonnen, Dauerleistung 4000 kW, Maximalleistung 6000 kW, Anfahrzugkraft 320 kN, Anfahrbeschleunigung 0,85 m/sec^2, Höchstgeschwindigkeit 200 km/h. Im Zug haben 500 Fahrgäste einen Sitzplatz.

Jeder Wagen wird von einem/einer Servicemitarbeiter/in (Schaffner/in) begleitet und betreut, der/die sich auch um die in jedem Wagen eingerichtete Bar kümmert. Die ersten Eindrücke der Presse und der Reisenden sind durchwegs positiv. Besonders gut angekommen sind das freundliche und kompetente Personal, die angenehmen Sitze, die breiten und bequemen Einstiege und die Tatsache, das man vom Oberdeck aus über die Lärm-

schutzwände wieder in die Landschaft sehen kann. Auch Mobiltelefone usw. und Notebooks können problemlos benutzt werden.

Soweit bekannt, hat die Rail Holding etwa 150 Millionen EURO investiert und erwartet die Refinanzierung des Investments in den nächsten vier bis sechs Jahren. Dann sind weitere Bahnverbindungen geplant, vor allem Graz-Linz und Graz-Salzburg.

Im Zuge der Einführung des neuen Angebotes gab es erwartungsgemäß eine Reihe von Auseinandersetzungen zwischen WESTbahn und ÖBB, die teilweise gerichtlich geklärt werden mussten.

Nach der Betriebsaufnahme wird man sehen, wie sich das Verhältnis weiter entwickelt. Ganz friktionsfrei wird es wohl nicht werden, darauf deuten zum Beispiel die Zurückhaltung pünktlicher Züge der WESTbahn gegenüber verspäteten ÖBB-RailJet Zügen hin.

Anzumerken ist, dass die Westbahnstrecke an sich genug Platz für zwei Verkehrunternehmen bietet und beide gut verdienen können, wenn sie auf die Wünsche und Bedürfnisse der Kunden eingehen.

Wenn beide in positivem Wettbewerb stehen, dann werden mehr Fahrgäste als bisher den Zug zwischen Salzburg und Wien nutzen, und das ist ja was Eisenbahnfreunde wirklich wollen.

Führerstand des Doppelstockzuges.

Auf Schmalspurgleisen durch das Zillertal

Zweite Auflage!

Von Dr. Stefan Lueginger
112 S. 170x240 mm, 179 Farb- und 29 SW-Fotos, 17 stilisierte **mehrfarbige Bahnhofsgleispläne,** EUR 24,50 (D) plus Versand EUR 1,40 (D).

Das Zillertal als südliches Seitental des Inntals gilt als Herzstück des Tiroler Fremdenverkehrs. Es zählt zu den wenigen bevorzugten Regionen, die das ganze Jahr über für Gäste interessant ist. Durch das Tal fährt von Jenbach bis Mayrhofen eine Schmalspurbahn. Sie wurde 1902 gebaut und bringt dem Zillertal bis heute wesentliche Impulse für die Wirtschaft und den bequemen Anschluss an das Tiroler Verkehrsnetz.

Touristen, und Eisenbahnfreunde nutzen begeistert die planmäßig von Dampflokomotiven gezogenen Personenzüge, deren Eintreffen sich durch Dampfwolken von weitem ankündigt. Aber diese Schmalspurbahnromantik ist nur die eine Seite dieses modernen Verkehrsunternehmens, das mit Triebwagen und Taktfahrplan einen perfekten Schienennahverkehr anbietet. Hinzu kommt ein lebhafter Güterverkehr, der überwiegend von den neuen Gmeinder-Dieselloks bewältigt wird. Dieses gewaltige Verkehrsaufkommen wird auf einer teilweise zweigleisigen Streckenführung abgewickelt. Jeder Besucher des Zillertals ist fasziniert von diesem lebhaften Betrieb auf

Schmalspurgleisen mit nostalgischen Dampfloks, neuen Niederflurwagen und Dieselloks mit Normalspurgüterwagen auf Rollwagen.

Das Buch beschreibt die heutige Zillertalbahn, wobei ihre Geschichte nicht vergessen wird. Da eine Eisenbahn immer Teil der Landschaft ist, in der sie verkehrt, erfährt der Leser auch etwas über das Tal und seine Gemeinden. Historische Schwarzweißfotos und viele aktuelle Farbfotos geben eine lebendige Vorstellung von dieser ebenso liebenswürdigen wie rührigen Schmalspurbahn.

Postanschrift:
Postfach 14 07 • 38504 Gifhorn
Hausanschrift:
Hindenburgstr. 15, 38518 Gifhorn
Telefon: (0 53 71) 35 42
Fax: (0 53 71) 1 51 14
e-mail: webmaster@zeunert.de • Internet: www.zeunert.de
Ust-ID: DE115235456
Versandkosten je Buch EUR 1,40 (D)

Notizen von Gunter Mackinger

ET 51 wird umgebaut

Als erster sechsachsiger Gelenktriebwagen wurde der ET 51 am 8.11.2011 in Richtung Tschechien (Jägerndorf bzw. Mährisch Ostrau) zwecks Umbau in einen achtachsigen Triebwagen mit niederflurigem Mittelteil überstellt. Der Transport erfolgte auf zwei Spezialwaggons der Type Uaaikks von NCS Hanau. Die Rückkunft dieses ersten umgebauten Triebwagens wird für Mai 2012 erwartet.

ET 32 reaktiviert

Der ET 32 war nach dem Rückkauf von Stern & Hafferl meist als geplanter Ersatzteilspender abgestellt. Nun wurde er 2011 reaktiviert und befindet sich nahezu im Neuzustand. Die Wiederinbetriebnahme wurde notwendig, denn der Umbau der Gelenktriebwagen ET 50-58 zu Achtachsern lässt 2012/13 einen Fahrzeugmangel erwarten. Diesem soll durch die Nutzung der bekannten Trieb- und Beiwagen aus den 1950er Jahren abgeholfen werden. Mit sechzig Betriebsjahren »auf den Rädern« kommen auch die Triebwagen ET 33 (Bj. 1951) und ET 32 (Bj. 1952) zum Einsatz.

Während der ET 33 (rechts) sich weitgehend im Originalzustand zeigt, wurde die Stirnpartie des ET 32 während seiner Zeit bei Stern & Hafferl verändert. Foto: Gunter Mackinger

100 Jahre Entwicklung im Lokomotivbau. Die neue G 1700 BB von Vossloh als Probelok bei der SLB neben der »HELLBRUNN« von Krauss Linz.   *Foto: Gunter Mackinger*

Vossloh-Leihlok bei der SLB
Am 1.10.2011 traf eine Vossloh G 1700 BB mit der Betriebsnummer 92 80 1277 031-1 als Probelok bei der Salzburger Lokalbahn ein. Die Lok wurde für zwei Monate im schweren Güterverkehr der SLB erprobt.

Voith-Leihlok bei der SLB
Nach der Vossloh G 1700 erprobte die Salzburger Lokalbahn auch die Voith Gravita 10 BB. Die 92 80 1261 006-1 von NorthRail war zunächst zwischen 23. Jänner und 3. Februar 2012 auf allen Diesellokumläufen der Salzburger Lokalbahn eingesetzt.

Dampflok 770.86
Die seit vielen Jahren bei der Salzburger Lokalbahn stationierte 770.86 des Technischen Museums konnte seit geraumer Zeit aus verschiedensten Gründen nicht mehr eingesetzt werden. Die Lok war aber gesichert im Heizhaus des Betriebsbahnhofes Maxglan der Stieglbahn hinterstellt. Nunmehr konnte das Technische Museum Wien in der ÖGEG einen Interessenten für diese historisch wertvolle Dampflokomotive finden, und so erfolgte am 30.10 2010 der Abtransport von Salzburg in Richtung Ampflwang. Zwischen Salzburg und Timelkam erfolgte die Überstellung mit der ÖGEG-Ellok 1141.21, welche von der SLB V 86 (ex ÖBB 2048.04) zwischen Salzburg Hbf. und Betriebsbahnhof Maxglan und zurück geschleppt wurde.

MBS-Triebwagen in Salzburg
Am 18.11.2010 war erstmalig ein Triebwagen der Montafoner Bahn (MBS) auf den Gleisen der Salzburger Lokalbahn zu sehen. Der ET 10.104 ist der ehemalige DB-VT 63 907 (Lindner, Bj. 1935), der 1974 zum Elektrotriebwagen für die MBS umgebaut wurde. Für allfällige Einsätze bei anderen österreichischen Privatbahnen wurde der Triebwagen aktuell bei der Salzburger Lokalbahn hinterstellt, nachdem die Räder auf der Unterflurdrehbank im ÖBB-Standort Salzburg Gnigl bearbeitet worden waren.

Salzburg-Hauptbahnhof
Mit dem Umbau des Salzburger Hauptbahnhofs wurde auch das seit 1996 bestehende Provisorium für den Zugang zum unterirdischen Lokalbahnhof durch die definitive An-

bindung mittels Rolltreppen ersetzt. Die Bahnsteige der Lokalbahn wurden neu als 11 und 12 bezeichnet und - sehr fahrgastfreundlich - in das Fahrgastinformationssystem das Hauptbahnhofs eingebunden.

Streckenverlängerung

Mitte April 2011 begannen die Arbeiten zur Verlängerung der SLB-Stammstrecke in Lamprechtshausen zu einem ortsnäheren Endbahnhof. Wie schon Trimmelkam, so erhält auch Lamprechtshausen eine Bahnhofshalle. Sie kann während der Nachtstunden als Wagenhalle genutzt werden. Begonnen wurde mit den Abbrucharbeiten der bestehenden Gleisanlagen und Gebäude zur Freimachung des Baufeldes. Der offizielle Baubeginn erfolgte am 13.5.2011, genau 115 Jahre nach Eröffnung des bestehenden Bahnhofes. Im Oktober 2011 waren bereits die Decke und das Dienstgebäude mit Technik- und Serviceräumen fertig gestellt. Den Fahrgästen wird künftig nicht nur ein modernes Am-

Oben: *Die Voith »Gravita« am 25.1.2012 auf der Stieglbahn von Österreichs größter Privatbrauerei.*
Foto: Philipp Mackinger
Mitte: *Der Überstellzug mit SLB V 86 + ÖGEG-Ellok 1141.21 + Dampflok 770.86 an der Remise Maxglan der Stieglbahn.*
Fotos: Philipp Mackinger
Unten: *SLB-V 84 schleppt Montafonerbahn ET 10 104 am 18.11.2010 zum ÖBB-Standort Salzburg-Gnigl.*
Foto: Mattis Schindler

Der Salzburger Hauptbahnhof war am 29.9.2010 scheinbar zumindest kurzzeitig in der Hand der Salzburger Lokalbahn. Vor der Baugrube des in Umbau befindlichen Bahnhofs trafen sich SLB-E 91 und SLB-V 87 im schönsten Sonnenlicht. Foto: Gunter Mackinger

biente sondern auch ein an die 300 m kürzerer Fußweg in das Ortszentrum geboten.

Anschlußbahn in Siggerwiesen

Seit den 1970er Jahren verfügt ein Fertigbetonteilwerk in Siggerwiesen (km 6,5 der SLB-Stammstrecke Salzburg-Lamprechtshausen) über eine Anschlußbahn. Die Nutzung war stark schwankend, und zeitweise war die Anlage sogar stillgelegt und die Anschlußweiche sowie die Fahrleitung abgebaut. Nach der Reaktivierung vor ca. fünf Jahren erhielt das Werk nach einem Besitzerwechsel eine neue Anschlussbahn in leicht veränderter Gleislage, wobei die Kreuzung mit der Anschlußbahn von DB-Schenker bemerkenswert ist. Ab Anfang September 2011 gelangen wieder Schwertransporte mit Fertigteilen über die Schiene zum Versand.

Zusammenarbeit mit den ÖBB

Seit dem 3.10.2011 erbringt die Salzburger Lokalbahn im Auftrag von ÖBB-RCA die Traktionsleistung im lokalen Güterverkehr zwischen Hallein und Werfen. In dieser Relation werden derzeit ca. 17 Güterkunden über Anschlußbahnen und öffentliche Ladegleise bedient. Durch diese Zusammenarbeit von Staats- und Privatbahn wird die geplante Auflassung von Ladestellen im Ennspongau und im Gasteinertal nicht vorgenommen. Am 11.10.2011 wurde die neue Zusammenarbeit in Hallein offiziell bekannt gegeben und weitere Schritte der Zusammenarbeit angekündigt.

MusikExpress

Am 14.5.2011 veranstaltete die Salzburger Bach-Gesellschaft in Zusammenarbeit mit den Musikschulen im Einzug der Lokalbahn Salzburg-Lamprechtshausen/Trimmelkam einen »MusikExpress« zwischen Salzburg und Bürmoos. In den Bahnhöfen und im Sonderzug wurde in verschiedensten Stilrichtungen unter großer Begeisterung von Jung und Alt musiziert. Der MusikExpress bestand aus den SLB-Fahrzeugen ET 33 + B 306 + B 158 + BCL 162 - eine illustre Garnitur!

125 Jahre SLB

Vom 30.9. bis 2.10.2011 feierte die Salzbur-

ger Lokalbahn ihr 125. Bestandsjubiläum. Während der Abend des 30. September ganz im Zeichen der VIP-Gäste, der Verkehrspolitik und eines Konzertes von Axel Zwingenberger stand, waren am 1. Oktober die Freunde der Salzburger Lokalbahn geladen, um mit einem umfangreichen Programm das Jubiläum zu feiern. Mehr als fünftausend Besucher folgten der Einladung bei bestem Herbstwetter. Sonderzüge zum Fest aus Wien und Bayern taten ein Übriges. Als Abschluss der Festreihe übertrug der ORF am 2.10.2011 das Frühschoppenkonzert aus der Remise in Salzburg. Alle Besucher, Freunde und Mitarbeiter waren sich nach dem Fest einig: »……schön war`s, und gelungen !«

Wintersportzüge aus Norddeutschland

Fast schon traditionell sind die Wintersportzüge des deutscher Veranstalters »Schnee Express« aus Norddeutschland zu touristischen Fahrtzielen in Westösterreich, die u.a. auch in Zusammenarbeit mit der Salzburger Lokalbahn geführt werden. Die Saison 2011/12 startete am 25./26.12.2011 mit ei-

Oben: *Der Rohbau des neuen Endbahnhofs Lamprechtshausen am 17.4.2011.*
Mitte: *Innenansicht vom neuen Endbahnhof Lamprechtshausen.*
Unten: *Die neue Anschlußbahn in Siggerwiesen. Nach unten rechts verläuft der Anschluß zu Schenker.*
Fotos (3): Gunter Mackinger

MusikExpress: ET 33 am 14.5.2011 vor dem Zug in Weitwörth-Nußdorf.   Fotos (4): G. Mackinger

MusikExpress: Flotte Weisen auf der Fahrt von der Landeshauptstadt in den Flachgau.

MusikExpress: Empfang in Oberndorf durch das Jugendblasorchester der Stadt an der Salzach.

MusikExpress kreuzt in Anthering mit dem ET 52 als Planzug nach Salzburg.

nem Nachtzug von Hamburg nach Bludenz über Kufstein und Innsbruck mit einer Kurswagengruppe von Wörgl über Zell am See ins Gasteiner Tal nach Mallnitz-Oberfellach in Kärnten. Hinterstellt und ausgerüstet werden die Waggons der Kurswagengruppe dann in Salzburg Itzling SLB. Am Stefanitag (26.12.2011)

Sonderpostamt: Auch am 10.12.2011 veranstalteten die Salzburger Eisenbahnerphilatelisten in Oberndorf ein adventliches Sonderpostamt im historischen Postwaggon. Mit dabei war der frisch restaurierte Gütertriebwagen ET 10 (ex MG I).

        Foto: Gunter Mackinger

wurde der Flügelzug ab Wörgl mit der E 91 der Salzburger Lokalbahn geführt. In der Saison 2011/12 werden insgesamt 10 Hin- und Rückfahrten angeboten.

Wintersportzug: *SLB-E 91 am 26.12.2011 mit dem »Schnee-Express« nahe der Block-und Haltestelle Gries im Pinzgau.* Foto: Phillipp Mackinger

SLB-Jubiläum: *Lok HELLBRUNN (Krauss Maffei) und MG 1 (MAN) zeigten die historische SLB.*

SLB-Jubiläum: *ET 47 im Plandienst und E 11 als »Nummerngirl« der Fahrzeugparade.*

SLB-Jubiläum: *Jausenzeit vor Altzeitlern für einige der 5.000 Besucher.* Fotos (3): G. Mackinger

SLB-Jubiläum: *Nächtliche ET-Parade mit (v.l.) M 4, MBC 3 und BC 109.* Foto: Phillipp Mackinger

Die Feldbahn

Band 12: Typenbuch Feldbahn-Motorlokomotiven

Andreas Christopher

Die Feldbahn

Band 12

Typenbuch
Feldbahn -
Motorlokomotiven

Ein KLEINBAHN-Buch

zeunert

256 Seiten 170x240 mm, 345 Farb- und 15 SW-Fotos, 55 Loktypenskizzen, EUR 49,50 plus Porto EUR 1,40 (D) bez. EUR 5,50 (EU). Andreas Christopher verfasste dieses seit langer Zeit gewünschte Typenbuch Feldbahnmotorlokomotiven. Gemäß der Konzeption der Buchreihe »Die Feldbahn« werden die deutschen und österreichischen Feldbahn- und Grubenlokhersteller vorgestellt sowie deren Geschichte und ihre Loktypen beschrieben. Die Kapitel mit den einzelnen Herstellern wurden nach einem einheitlichen Aufbau konzipiert, so dass sich der Leser schnell zurechtfindet und bestimmte, ihn interessierende Loks rasch auffinden kann. Wesentliche Typen werden auch in Form von Typenskizzen gezeigt. Die wichtigsten Hauptabmessungen und Daten können den zahlreichen Tabellen entnommen werden. Mit 415 Abbildungen ist hier ein Werk über Feldbahnmotorloks entstanden, wie es unseres Wissens nach in dieser Form noch nicht gegeben hat.

LKM Nr.2: 1713B/50 des Baustoffkombinats Rostock, Betriebsteil Pölchow, 25.
Fotos (25. Mai 1990): Ulrich Völz.
Die Feldbahn 155

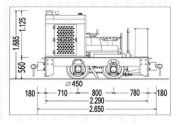

Eine der Typenskizzen und zwei Musterseiten aus dem Buch.

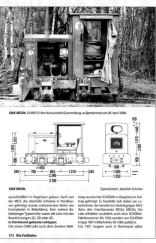

Verlag Ingrid zeunert

**Postanschrift: Postfach 14 07, 38504 Gifhorn
Hausanschrift: Hindenburgstr. 15, 38518 Gifhorn
Telefon: (0 53 71) 35 42 • Telefax: (0 53 71) 1 51 14
E-Mail: webmaster@zeunert.de • Internet: www.zeunert.de
Ust-ID: DE115235456**

Werner Schütte

Die Mindener Kreisbahnen heute

Zwei Nachrichten erinnerten den Kleinbahnfreund zuletzt im Jahr 2010 an das ostwestfälische Unternehmen Mindener Kreisbahnen (MKB). Da war zum einen im Frühjahr der Rückbau des letzten Teils der ehemaligen Uchter Strecke zwischen Todtenhausen und Minden und zum anderen im Juni der Verkauf der V 20, der Großdiesellok aus der Familie der »Blue Tiger«, an die Havelländische Eisenbahn (hvle).

Güterverkehr auf dem Netz der DB AG

Mit dieser 2003 von Bombardier gebauten V 20 (Fabriknummer 33833, bekannt auch als 250 004) und der ebenfalls 2003 in Dienst gestellten, fabrikneuen V 19 (Typ G 1700-2 von Vossloh/VSFT) sind die Mindener Kreisbahnen (MKB) in den Güterverkehrsmarkt eingestiegen, der sich auf dem Netz der DB AG in Konkurrenz zu DB Cargo, Railion, DB Schenker oder wie immer der derzeitige Name der DB-Gütersparte auch sein mag, entwickelt hat. Und die MKB tut dies mit einigem Erfolg, wie die folgende Aufstellung zeigt.

1) Nordenham-Kraftwerk Veltheim (Importkohle, von 1997 bis Ende 2005).

2) Nordenham-Kraftwerk Lahde (Importkohle, 2004 und 2005).

3) Hamburg-Hansaport - Lahde (Importkohle, sporadisch 2004 und 2005).

Die 1965 fabrikneu zur MKB gekommene V 2 (MaK Typ 850 D) am 20.6.1994 in Minden-Oberstadt.

NKB-V 20 »Blue Tiger« am 13.10.2003 in Minden.   *Alle Fotos von Ingrid Schütte*

4) Hamburg-Petroleumhafen - Steyerberg (chemisches Produkt, seit 2002).
5) Wesseling-Steyerberg (chemisches Produkt, seit 2006).
6) Stendell-Steyerberg (chemisches Produkt, seit 2009).
Jahrelang war der »Blue Tiger« V 20 auf der Rübelandbahn unterwegs, denn er war samt Personal an die Havelländische Eisenbahn vermietet, um deren eigene Dieselloks zu unterstützen. Insofern ist der Verkauf dieser Maschine gerade an jene Bahn nur konsequent. Die hvle hat die »Großkatze« als V 330.4 eingereiht und verfügt nun über vier dieser Loks. interessant ist bei der MKB ein Verkehr, der seit November 2006 in einer Kombination aus eigener Infrastruktur und der DB stattfindet. In Minden-Hahlen wurde an die Strecke nach Hille für den Spirituosen-Hersteller Berentzen ein Anschlussgleis gebaut, das genau vier der geräumigen Großraumgüterwagen aufnehmen kann. Mehrmals täglich wird dieser Anschluss bedient. Die Wagen werden im Betriebsmittelpunkt der MKB an der Mindener Karlstraße gesammelt und am Abend durch sie über DB-Gleise nach Stadthagen gefahren.
Sporadisch überführt die MKB Containerzüge seit 2007 vom Mindener Güterbahnhof zum Terminal der Mindener Hafen GmbH. An Spotverkehren auf dem DB-Netz kommen hinzu Überführungen von Güterwagen und Gleisbaumaschinen für diverse Gleisbauunternehmen sowie Holz- und Schottertransporte als Subunternehmer. Auch werden Arbeitszug- und Bauzugleistungen an verschiedenen Orten in Nordrhein-Westfalen und Niedersachsen erbracht.

Personenverkehr mit der WestfalenBahn
Auch im Personenverkehr ist die Mindener Kreisbahnen GmbH wieder aktiv. Im Dezember 2007 nahm die WestfalenBahn GmbH mit Sitz in Bielefeld ihren Betrieb auf, an der die MKB beteiligt ist. Die weiteren Gesellschafter mit ebenfalls gleichen Anteilen sind die Abellio GmbH in Essen, die moBiel GmbH in Bielefeld und die Verkehrsbetriebe Extertal-Extertalbahn GmbH in Extertal.
Die Westfalenbahn bedient das mehr als 300

Kilometer lange so genannte »Teutoburger-Wald-Netz« mit nachstehenden Regional-bahn-Linien:
- RB 61 Bad Bentheim - Rheine - Osnabrück - Herford - Bielefeld (Wiehengebirgsbahn).
- RB 65 Münster-Rheine (Ems-Bahn).
- RB 66 Münster-Osnabrück (Teuto-Bahn)
- RB 72 Bielefeld-Herford-Detmold-Altenbeken-Paderborn (Ostwestfalen-Bahn).
Für diesen Betrieb stehen 19 Elektrotriebwagen des Typs FLIRT zur Verfügung, und zwar 5 fünfteilige und 14 dreiteilige Garnituren. Hersteller war Stadler Pankow GmbH in Berlin.
Die Fahrzeuge haben alle eine Höchstgeschwindigkeit von 160 km/h, sind 90,0 bzw. 58,2 Meter lang, bieten 300 bzw. 181 Sitzplätze und werden in der Rheiner Betriebs-werkstatt des Unternehmens gewartet.

Die WestfalenBahn fährt auf den genannten Strecken jährlich vier Millionen Zugkilometer und hat ungefähr 11 Millionen Fahrgäste pro Jahr, die wöchentlich 1 124 Zugfahrten nutzen.
Die Zahl der Mitarbeiterinnen und Mitarbeiter liegt bei circa 100, wovon mehr als die Hälfte Triebfahrzeugführer sind.

Oben:
Kohleentladung mit V 20 am 10.11.204 in Kutenhausen.
Mitte:
MKB-V 5 am 30.5.2007 im Anschluss Berentzen.
Unten:
Gleisabbau am 25.5.2010 in Kutenhausen.

WestfalenBahn- ET 013 am 7.4.2009 in Bielefeld Hbf.

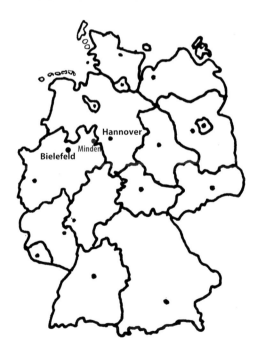

genen Infrastruktur noch abspielt. Projektiert und gebaut wurden sukzessive vier Strecken ab Minden sowie die Hafenbahnen in der Stadt. Gestützt hat sich das Unterfangen auf das preußische Kleinbahngesetz von 1892, das staatliche Unterstützung beim Bau von Bahnen in der Fläche vorsah und die Entstehung zahlreicher Kleinbahnen begünstigte, wenn nicht erst ermöglicht hatte. Da man erheblichen Verkehr weder im Personen- noch im Güterverkehr erwartete, sah der Kreis Minden die kostengünstigere Meterspur vor. Verknüpfungspunkte mit der staatlichen Eisenbahn waren außer in Minden die Bahnhöfe in Lübbecke und Uchte. Damit ist das Problem der unterschiedlichen Spurweiten genannt, was zu Schwierigkeiten im Güterverkehr (teueres Umladen oder gefährlicher und wenig leistungsfähiger Rollbockverkehr) und zum sukzessiven Umbau aller MKB-Strecken auf die Normalspur geführt hat.

Die Entwicklung des MKB-Streckennetzes

Doch zurück zu den Mindener Kreisbahnen selbst und dem Verkehr, der sich auf der ei-

Minden-Uchte (29,6 km)

Eröffnung: 4. Dezember 1898. Umspurung 1926 bis Morhoff, 1929 bis Petershagen, 1949

Am 14.3.1991 erreichte die MKB-V 2 mit einem Güterzug von der Hiller Strecke kommend den Trennungsbahnhof Minden-Oberstadt. Rechts das Streckengleis nach Uchte.

bis Uchte. Einstellung des Personenverkehrs 1967 Uchte-Petershagen und 1974 Petershagen-Minden. Die Strecke ist komplett aufgenommen.

Minden-Lübbecke (29,1 km)

Eröffnung: 1903 Minden- Eickhorst, 1907 Eickhorst-Lübbecke. Umspurung 1927 Minden - Minden-Königstor, 1956 Minden-Königstor - Hille und 1957 Hille-Lübbecke. Einstellung des Personenverkehrs 1967 Lübbecke-Hille und 1974 Hille-Minden. Die Strecke ist noch von Minden bis Hille-Hafen vorhanden.

Kutenhausen- Wegholm (10,3 km)

Eröffnung: 1915. Umspurung: 1953. Einstellung des Personenverkehrs: 1959. Die aufgenommene Strecke ist seit 1979 ein Radwanderweg.

Minden-Kleinenbremen (13,7 km)

Eröffnung: 1918 Minden-Bad Nammen, 1921 Bad Nammen-Kleinenbremen. Umspurung 1924 Minden-Meißen, und 1936 Meißen-Kleinenbremen. Einstellung des Personenverkehrs 1963 Minden-Kleinenbremen. Die Strecke ist komplett vorhanden. Das heute noch vorhan-

dene Streckennetz ist 45 Kilometer lang bei 59 km Gleisen insgesamt.

Verkehr auf der MKB-Infrastruktur

Die Strecken nach Kleinenbremen und Hille werden seit vielen Jahren von den Dampfzügen der Museums-Eisenbahn Minden e.V. (MEM) genutzt, die im Sommer ein- bis zweimal monatlich ihren »Preußenzug« mit der Zuglok »Hannover 7512«, der einzigen erhaltenen preuß. T 11 (ex 74 231), einsetzt. In der Adventszeit finden die sehr beliebten Nikolausfahrten statt. Dieser Zug präsentiert die Epoche 1 der deutschen Eisenbahngeschichte und wird sehr gelobt wegen seiner hervorragend restaurierten Fahrzeuge. Bundesweite Einsätze, z.B. 2010 in Gerolstein und Bochum im Rahmen des Eisenbahnjubiläums, haben ihn auch einem breiteren Publikum bekannt gemacht.

Als spektakulärsten Verkehr der MKB auf ihrem eigenen Netz muss man derzeit die schon erwähnten »Schnapszüge« ansehen. 2008 schien es so, als werde die alte Erzstrecke wieder

MKB-Diesellok V 5 mit alter Lackierung am 9.7.2008 auf der Weserbrücke in Minden.

belebt. Mit ziemlichem Aufwand wurde der Anschluss in Nammen-Grube reaktiviert, um Schotter verladen zu können. Aber über sporadische Versuche ist dieses Projekt bis jetzt nicht hinausgekommen.

Weitere Kunden der MKB sitzen vor allem im Mindener Industriegebiet und in den Häfen. Mehr oder weniger regelmäßig und häufig umgeschlagen werden im Ein- oder Ausgang Propangas, Tierfutter, Zellulose und Schrott Hierfür besteht ein neuer Anschluss im Industriehafen seit November 2008. Ein bedeutender Anschließer, aber leider nur mit Querung einer vielbefahrenen Straße zu bedienen, ist seit jeher das Chemiewerk der BASF auf der anderen Seite des MKB-Werkstätten- und Verwaltungsgebäudes.

Der Verfasser hat während seiner Ausbildung zum Zugführer bei den Mindener Kreisbahnen vor 25 Jahren dort noch ganz anderen Verkehr erlebt. Mindestens dreimal am Tag ging es beispielsweise zu Melitta, um dort etliche Wagen zur Beladung mit Filterpapier bereitzustellen beziehungsweise abzuholen. Heute existiert dieses Anschlussgleis nicht einmal mehr. Hier könnte man jetzt tiefgründige Betrachtungen über die jahrzehntelange und immer noch andauernde Bevorzugung des Straßenverkehrs anschließen, doch lassen wir das, und wenden uns zum Schluss noch einmal den MKB-Fahrzeugen zu.

Dieselloks V 5 und V 6

Im Wesentlichen übernimmt den Binnenverkehr die MKB-Lok V 5 (II). Sie kam 1991 fabrikneu von MaK, dem Hauslieferanten der Bahn, und gehört zum verbreiteten Typ G 1203 BB (Fabriknummer 1000805).

Als dritte Diesellok steht dem Betrieb momentan die V 6 (II) zur Verfügung. Es handelt sich bei ihr um die ehemalige 216 014 der DB (Krupp 1964/4647), die remotorisiert und generalüberholt über OnRail 1998 zur MKB kam. Einst orangefarben wie alle jüngeren Dieselloks der MKB lackiert, hat sie nunmehr einen silbernen Anstrich wie die V 19 und kann auch wie diese auf dem DB-Netz eingesetzt werden.

Diesellok V 6 in alter Lackierung am 5.9.2002 bei Bominflot in Hamburg.

V 6 (ex DB 216 014) mit neuer Lackierung am 6.1.2010 im winterlichen Bahnhof Minden.

MEM-Preußenzug am 19.12.20909 unterwegs auf Sonderfahrt. Was für ein klassisch schöner Zug!

Die jahrzehntelangen, erfolgreichen und expandierenden Aktivitäten der MKB mit Omnibussen im Nah- und Reiseverkehr seien hier angesichts des Charakters dieser Buchreihe nur erwähnt, jedoch nicht weiter ausgeführt. Was abschließend den Bahnbetrieb angeht, so hat der Beobachter im Moment den Eindruck, dass die eigene Infrastruktur von der produzierenden Wirtschaft leider viel zu wenig genutzt wird, was sich in Zukunft hoffentlich wieder ändert.

Literatur:

Ingrid und Werner Schütte: »Die Mindener Kreisbahnen«, Lübbecke 1990.

Ingrid und Werner Schütte: »100 Jahre Mindener Kreisbahnen«, Lübbecke 1998.

Diesellok V 20 am 25.5.2010 bei der Ausfahrt aus dem Bahnhof Minden.

Garrelt Riepelmeier/Ingrid und Werner Schütte: »Die Eisenbahn in Minden und im Mühlenkreis«, Hövelhof 2007

Herrn Jens Foppe von der MKB-Geschäftsführung ist zu danken für die freundliche Bereitstellung von Informationen zum jüngsten Stand des Unternehmens.

Dirk Endisch

Blankenburger Spezialitäten

Im Frühjahr 1949 übernahm die Deutschen Reichsbahn (DR) nahezu alle in der sowjetischen Besatzungszone enteigneten Klein- und Privatbahnen. Damit gelangte ein Sammelsurium an Dampflokomotiven in den Bestand der DR, für die die Generaldirektion (GD) einen Umzeichnungsplan erstellte. Dieser trat am 1. Januar 1950 in Kraft. Die Unterhaltung der landläufig als »6000er« bezeichneten Lokomotiven wurde auf mehrere Reichsbahnausbesserungswerke verteilt. Der größte Teil der ehemaligen Privatbahn-Maschinen gehörte fortan zum Erhaltungsbestand des Reichsbahnausbesserungswerkes (Raw) Blankenburg (Harz). Für diese Entscheidung gab es einen guten Grund, denn das Raw Blankenburg

(Harz) war aus der ehemaligen Hauptwerkstatt der Halberstadt-Blankenburger Eisenbahn-Gesellschaft (HBE) hervorgegangen. Die hier beschäftigten Eisenbahner hatten also Erfahrung in der Unterhaltung »exotischer« Maschinen.

**Von der Bema
zum Reichsbahnausbesserungswerk**

Wie alle größeren Privatbahnen besaß auch die HBE eine eigene Hauptwerkstatt, in der Lokomotiven und Wagen des Unternehmens unterhalten wurden. Im Sommer 1921 organisierte die HBE jedoch ihren Betriebsmaschinen- und Werkstättendienst völlig neu. Sie trennte den eigentlichen Lokomotivbetrieb von der Fahrzeugunterhaltung. Zu diesem Zweck gründete die HBE am 20. Juni 1921 mit einem Stamm-

Die Bema war ein modernes und leistungsfähiges Unternehmen. Mitte der 1930er-Jahre standen eine Lok der TIERKLASSE und eine 1´D1´h2-Tenderlok in der Richthalle, die heute vom »Verein Brücke e.V.« genutzt wird.
Alle Fotos stammen aus dem Archiv Dirk Endisch

Die HBE gründete 1921 die Bema, die für die Instandsetzung der Fahrzeuge zuständig war. Auf dem Foto sind die Werkstätten um 1930 zu sehen.

kapital von 50.000,00 Mark die »Blankenburger Eisenbahnbedarfs- und Maschinenfabrik GmbH« (Bema). Laut dem Eintrag im Handelsregister war der Geschäftszweck der Bema »Bau und Wiederherstellung von Eisenbahn-Bedarfsgegenständen und Maschinen aller Art sowie Beteiligung an Unternehmen, die diesem Zweck förderlich sind.« Die Bema pachtete die dazu notwendigen Gebäude und Anlagen von der HBE. Das neue Unternehmen bestand aus acht Werkabteilungen. Dazu gehörten die Lokomotivhallen I und II, die Schmiede, die Zerspanung, das Elektrizitätswerk, der Waggonbau mit Tischlerei und Lackiererei, das Sägewerk Rübeland und die Lehrwerkstatt. Letztere übernahm die gesamte Lehrlingsausbildung für alle technischen Berufe bei der HBE.

Die Bema entwickelte sich dank der modernen Ausstattung und ihres hoch qualifizierten Personals binnen kürzester Zeit zu einem hoch profitablen Unternehmen. Bereits 1922 stockte die HBE das Stammkapital der Gesellschaft auf 500.000,00 Mark auf. Zwei Jahre später, am 15. Juli 1924, erwarb die Bema das Blankenburger

Sägewerk mit der dazugehörigen Kistenfabrik. Ende 1927 beschäftigte das Unternehmen bereits 216 Arbeiter und Angestellte.

Als Tochtergesellschaft der Bema entstand 1921 mit einem Stammkapital von 120.000,00 Mark die »Mitteldeutsche Eisenbahnbedarf GmbH«. Diese hatte ihren Sitz in Berlin. Der Geschäftszweck der Mitteldeutschen Eisenbahnbedarf GmbH bestand in erster Linie im An- und Verkauf sowie in der An- und Vermietung von Güterwagen, Lokomotiven und Eisenbahnmaterialien aller Art. Die Firma kaufte vorrangig von der Reichsbahn ausgemusterte Lokomotiven und Wagen, die dann von der Bema in Blankenburg verschrottet wurden. Über die Mitteldeutsche Eisenbahnbedarf GmbH bezogen die HBE und die Bema auch ihre Betriebsstoffe und Ersatzteile. Allerdings wurde dieses Tochterunternehmen in den 1930er-Jahren wieder aufgelöst. Dafür übernahm die HBE Anteile (3,95%) der am 9. Dezember 1924 gegründeten »Bahneinkaufsgesellschaft mbH« (Beka) in Hannover.

Auch die 1921 gegründete »Leichtfahrzeugfabrik GmbH« (LFB) bestand nur kurze Zeit. Geschäftszweck der LFB waren die Fertigung und der Vertrieb von Erfindungen des Ingenieurs Hans Rohrbach aus Hamburg. Das Stammkapital betrug zunächst 130.000,00 Mark. Mit dem Einstieg der Bema in die LFB im April 1922 erhöhte sich die Einlage auf insgesamt 300.000,00 Mark. Anfang der 1930er-Jahre wurde das Unternehmen aus dem Handelsregister gestrichen.

Jede Lokomotive war mehr oder minder ein Unikat. Zahlreiche Ersatz- und Tauschteile mussten daher in Einzelfertigung hergestellt und angepasst werden. Parallel zu den notwendigen Instandhaltungsarbeiten sollten die Maschinen nach Möglichkeit mit Normteilen der DR ausgerüstet und dem technischen Standard der DR angepasst werden. Dazu gehörte u.a. der Einbau von Hülsenpuffern, neuen Bremsventilen, einer Zusatzbremse, einer elektrischen Beleuchtung und der Ersatz verschlissener Kupferfeuerbüchsen durch solche aus Stahl.

Die Aufgaben und Struktur der Bema blieben in den 1930er-Jahren weitgehend unverändert. Lediglich das Sägewerk Rübeland wurde 1939 als eigenständiges Unternehmen ausgegliedert. Erst 1945 änderten sich die Verhältnisse grundlegend. Im September 1946 wurde die Bema gemeinsam mit der HBE enteignet und ab 1. Januar 1947 der »Sächsischen Provinzbahnen GmbH« unterstellt. Ab 1. April 1949 unterstand die Bema der DR, die das Unternehmen mit Wirkung zum 1. Januar 1950 in ein Reichsbahnausbesserungswerk Blankenburg (Harz) umwandelte. Im Raw Blankenburg konzentrierte die GD der DR die Unterhaltung aller Tenderlokomotiven der Baureihen 89.59–65 und 98.60–62. Darüber hinaus war das Werk für die Instandhaltung der Baureihe 89.70–75 (ex preußische T 3) der Reichsbahndirektionen Greifswald, Schwerin und Magdeburg, der Baureihe 91 der Direktionen Erfurt, Halle (Saale) und Magdeburg sowie der meterspurigen Schmalspurloks der Reichsbahndirektion Magdeburg zuständig.

Das Raw Blankenburg (Harz)

Die Unterhaltung dieses bunt gefächerten Fahrzeugparks stellte die Schlosser, Werkmeister und Ingenieure des Raw Blankenburg (Harz) vor erhebliche Probleme. Die Maschinen waren kaum genormt, geschweige denn mit vereinheitlichten Bauteilen ausgerüstet.

Ein Umstand erschwerte die Arbeiten besonders: Für kaum eine Maschine existierten brauchbare technische Zeichnungen, geschweige denn exakte Typenbeschreibungen oder andere für die Unterhaltung nutzbare Unterlagen. Bevor also mit den Arbeiten begonnen wurde, dokumentierte die Konstruktionsabteilung des Raw Blankenburg (Harz) die betreffende Maschine. Dazu gehörten auch Typenbilder und verschiedene Detailaufnahmen, die den Unterlagen beigefügt wurden. Ein Teil dieser Aufnahmen blieb bis heute erhalten.

Nachfolgend nähere Erläuterungen zu einer kleinen Auswahl an Blankenburger Raritäten.

89 6031

Die 89 6031 war eine Tenderlok des Henschel-Typs »Bismarck I«. Die traditionsreiche Lokfabrik hatte die Gattung auf Wunsch der Kleinbahnabteilung der preußischen Provinz Sachsen 1905 entwickelt. Diese suchte Anfang des 20. Jahrhunderts für die von ihr betriebenen Kleinbahnen eine leistungsstarke und robuste Cn2-Tenderlok. Die ersten Exemplare des Typs »Bismarck I« lieferte die Firma Henschel & Sohn im Jahr 1907. Die für 45 km/h zugelassenen Maschinen erfüllten die in sie gesetzten Erwartungen und bildeten auf mehreren provinzial-

*Die **89 6031** war eine Maschine des Henschel-Typs »Bismarck I«. Das Foto entstand im Dezember 1955 nach einer Instandsetzung im Raw Blankenburg (Harz). Besondere Beachtung verdient die Pulsometer-Einrichtung der Maschine.*

sächsischen Kleinbahnen über Jahre hinweg das Rückgrat in der Zugförderung. Bis 1931 erwarb die Kleinbahnabteilung Merseburg insgesamt 22 Exemplare des Typs »Bismarck I«. Zu den letzten Maschinen gehörten die spätere 89 6031, die die Firma Henschel & Sohn 1929 an die Kleinbahn AG Genthin-Ziesar lieferte. Der Dreikuppler absolvierte am 11. Juli 1929 seine Probefahrt von Jerichow nach Genthin und erhielt anschließend die Betriebs-Nr. 2III. Auch nach der Umbenennung des Unternehmens in »Kleinbahn AG Genthin« behielt die Maschine ihre Betriebsnummer. Erst während des Zweiten Weltkrieges führte die Kleinbahnabteilung Merseburg für die von ihr betriebenen 22 Bahngesellschaften ein einheitliches Nummernsystem ein. Ab 5. Mai 1940 trug die Cn2t-Maschine schließlich die Betriebs-Nr. 276.

Nach der Übernahme des Genthiner Kleinbahnnetzes durch die DR erhielt die Tenderlok 1950 die Reichsbahn-Nr. 89 6031. Bis 1952 blieb die 89 6031 in ihrer angestammten Heimat treu, bevor sie ab 1952 zum Bestand des Bahnbetriebswerkes (Bw) Salzwedel gehörte. Die Reichsbahn verkaufte die Maschine am 18.

Juli 1959 an den VEB Zuckerfabrik Walschleben. Dort diente die ehemalige 89 6031 noch einige Jahre als Werklok. Über den Verbleib der Maschine liegen keine gesicherten Informationen vor.

89 6107

Der Kreis Westhavelland nahm abschnittsweise zwischen 1901 und 1904 die 45,6 km lange Kleinbahn Brandenburg (Havel)–Röthehof in Betrieb. Für die Zugförderung erwarben die Westhavelländischen Kreisbahnen (WHKB) bei der Lokfabrik Arnold Jung in Jungenthal drei preußische T 3 nach dem Musterblatt III-4e(2). Jung lieferte die spätere 89 6107 am 28. September 1900 zum Preis von 25.500,00 Mark an die WHKB, die der Lok die Betriebs-Nr. 1 gaben. Bis zur Übernahme der WHKB durch die DR war die T 3 auf ihrer Heimatstrecke im Einsatz. Dies änderte sich erst 1952, als die 89 6107 das Bw Ketzin verließ. In den folgenden Jahren war 89 6107 in den Bahnbetriebswerken Berlin-Pankow, Bernburg, Dessau, Haldensleben und Magdeburg-Rothensee stationiert. In Rothensee wurde die Maschine am 31. Januar 1963 abgestellt. Die Ausmusterung erfolgte schließlich am 15. September 1965.

*Frisch lackiert wartete **89 6107** Ende Januar 1956 auf die Überführung in ihr Heimat-Bw Magdeburg-Rothensee. Wie der rote Kreis über dem Gattungszeichen zeigt, besaß die Maschine zum Aufnahme-zeitpunkt bereits eine Stahlfeuerbüchse.*

*Die **89 6118** stand Mitte der 1950er-Jahre im Raw Blankenburg (Harz) vor ihrer Instandsetzung. Das Dampfläutewerk saß auf einer Konsole, die am Sandkasten montiert war.*

*Im Januar 1956 stand **89 6137** im Raw Blankenburg (Harz) unter Dampf. Während die Maschine am Führerhaus bereits Lokschilder besaß, war die Betriebsnummer an der Rauchkammer (noch mit Zentralverschluss!) nur angemalt. Hinter der Maschine ist die 89 6107 zu erkennen.*

89 6118

Auch die 89 6118 war eine preußische T 3 nach dem Musterblatt III-4e(2). Die in Berlin ansässige Vereinigte Eisenbahnbau- und Betriebsgesellschaft beschaffte für den Personen- und Güterverkehr auf der am 25. März 1904 eröffneten Brandenburgischen Städtebahn insgesamt 13 Maschinen der Gattung T 3. Die spätere 89 6118 wurde 1904 als »BRANDENBURG« in Dienst gestellt. Ab 1922 trug die Maschine die Betr.-Nr. 6.

Ab 1. Juli 1920 führte das Landesverkehrsamt der Provinz Brandenburg den Betrieb auf der rund 125 km langen Nebenbahn Treuenbrietzen–Belzig–Brandenburg (Havel) – Neustadt (Dosse). 1937 wurde die T 3 abermals umgezeichnet. Sie trug fortan die Betr.-Nr. 2 und gehörte zu den ältesten Maschinen der Brandenburgischen Städtebahn. Anfang 1943 führte das Landesverkehrsamt Brandenburg ein einheitliches Nummernschema für die Fahrzeuge der ihm unterstehenden Bahngesellschaften ein. Im Zuge dessen änderte sich die Bezeichnung der Maschine ein weiteres Mal. Ab 1. Februar 1943 trug die T 3 die Betr.-Nr. 1-21. Die DR übernahm die T 3 im Frühjahr 1949 im Bw Brandenburg-Altstadt. Doch dort gab es keine sinnvolle Verwendung mehr für die Maschine, die daraufhin zum Bw Frankfurt (Oder) Pbf umgesetzt wurde. Anschließend folgten noch Einsätze in den Bahnbetriebswerken Frankfurt (Oder) Vbf und Wriezen. Bereits am 31. Januar 1961 wurde die Maschine abgestellt. Nur wenige Monate später, am 8. November 1961, musterte die DR die 89 6118 aus.

89 6137

Bei der 89 6137 handelt es sich ebenfalls um eine preußische T 3 des Musterblattes III-4e(2). Im Gegensatz zu ihren Schwestermaschinen besaß sie aber einen verlängerten Rahmen. Auftraggeber für diese Lokomotive war die Kleinbahn AG Stendal-Arendsee (KSA). Die Firma Henschel & Sohn lieferte den Dreikuppler im Frühjahr 1909 aus. Die KSA stellte die Maschine am 1. April 1909 in Dienst und gab ihr die Betr.-Nr. 4. Diese behielt die Lok auch nach der Fusion der Kleinbahn AG Stendal-Arendsee mit der Kleinbahn AG Stendal-Arneburg

*Die **89 6210** begann ihre Laufbahn bei der Kleinbahn Neuhaldensleben-Weferlingen. 1956 wartete die Maschine im Raw Blankenburg (Harz) auf ihrer Fertigstellung.*

im Jahr 1915. Das neue Unternehmen firmierte ab 22. März 1915 als »Stendaler Kleinbahn AG« (StK). Die Betriebsführung auf den Strecken Stendal–Klein Rossau–Arendsee, Stendal–Arneburg und Peulingen–Bismark Anschlußbf (später Hohenwulsch) oblag der Kleinbahnabteilung der Provinz Sachsen. Diese gab dem Dreikuppler am 5. Mai 1940 die neue Betriebs-Nr. 292.

Die DR erfasste die 1950 als 89 6137 bezeichnete Maschine im Bw Stendal. Die Rbd Magdeburg setzte die Maschine 1956 nach Magdeburg-Rothensee um. Nach 1960 war 89 6137 in den Bahnbetriebswerken Salzwedel, Wriezen und Bernburg stationiert, bevor sie ab 1961 wieder zum Bestand des Bw Stendal zählte. Dort wurde sie schließlich am 31. Oktober 1962 abgestellt. Die Ausmusterung erfolgte schließlich am 10. Februar 1965.

89 6210

Die Laufbahn der späteren 89 6210 begann bei der Kleinbahn AG Neuhaldensleben-Weferlingen (KNW). Die Firma Henschel & Sohn lieferte die nach dem Musterblatt III-4e(2) gebaute T

3 im Jahr 1906 an die KNW. Diese gab der Lok die Betriebs-Nr. 2. Auch nach dem Zusammenschluss der Kleinbahn AG Neuhaldensleben-Weferlingen mit der Kleinbahn AG Gardelegen-Neuhaldensleben zur Kleinbahn AG Gardelegen-Neuhaldensleben-Weferlingen (GHWK) am 30. September 1921 behielt die Maschine ihre Betriebsnummer. Erst mit Wirkung zum 5. Mai 1943 zeichnete die Kleinbahnabteilung Merseburg als Betriebsführer der GHWK die Maschine um. Sie trug fortan die Betriebs-Nr. 290.

Die DR reihte die T 3 im Bw Haldensleben als 89 6210 in ihren Bestand ein. Ende 1950 verließ die Maschine ihre langjährige Heimat. Nach Einsätzen in den Bahnbetriebswerken Stendal, Jüterbog und Frankfurt (Oder) Pbf gelangte die T 3 nach Wriezen. Hier war sie noch einige Monate auf den Strecken im Oderbruch unterwegs. Die DR verkaufte die 89 6210 schließlich am 18. Juli 1967 an die Landwirtschaftliche Produktionsgenossenschaft (LPG) »Thomas Müntzer« in Worin (Kr. Seelow). Dort verliert sich ihre Spur.

*Bei der **89 6213** fallen deutlich die 1.350 mm großen Kuppelachsen auf. Die Aufnahme entstand nach Abschluss einer L4 am 31. Dezember 1955 auf dem Gelände des Raw Blankenburg (Harz).*

89 6213

Im Gegensatz zu den bisher beschriebenen Maschinen handelt es sich bei der 89 6213 um keine T3. Zwar beschaffte auch die Niederlausitzer Eisenbahn-Gesellschaft (NLE) für die von ihr betriebene Strecke Falkenberg (Elster)–Uckro–Luckau–Lübben–Beeskow West zunächst einige preußische T 3, doch diese genügten alsbald nicht mehr den betrieblichen Belangen. Vor allem für den Personenzugdienst benötigte die NLE stärkere und vor allem schnellere Maschinen. Die NLE beauftragte die Hannoversche Maschinenbau AG (Hanomag) mit der Entwicklung der neuen Type. Diese sollte vor allem einen leistungsstärkeren Kessel und einen größeren Raddurchmesser im Vergleich zur T 3 besitzen. Außerdem war eine Heusinger-Steuerung gewünscht. Die Hanomag lieferte 1901 die ersten drei Exemplare an die NLE. 1907 folgten zwei weitere Maschinen, eine davon war die spätere 89 6213. Die für eine Höchstgeschwindigkeit von 40 km/h zugelassene Lok wurde 1907 mit der Betriebs-Nr. 10 in Dienst gestellt. Ab 1935 trug die Maschine die Betriebs-Nr. 35. Auch nach der Übernahme der NLE durch die DR verblieb die Maschine in Luckau. Erst Ende 1958 setzte die Rbd Cottbus 89 6213 nach Kamenz um. Nach einer gut zweijährigen Vermietung an einen Betrieb in Tramberg-Pieltitz sowie Stationierungen in Hoyerswerda und Senftenberg traf die Maschine am 1. Oktober 1959 im Bw Wittenberge ein. Meist stand 89 6213 nun als Werklok in Diensten des benachbarten Raw Wittenberge. Ab 1961 setzte das Bw Wittenberge die Maschine von den Lokbahnhöfen Perleberg und Putlitz aus ein.

Am 7. Februar 1963 wurde die Maschine nach dem Ablauf ihrer Kesselfrist abgestellt. Seit 1950 hatte die Maschine insgesamt 445.646 km zurückgelegt.

89 6307

Ebenfalls von Hanomag stammte 89 6307. Auch sie war eine Weiterentwicklung der bewährten preußischen T 3. Auftraggeber für die Maschine war die Braunschweig-Schöninger Eisenbahn AG (BSE), die die Lok 1920 mit der Betriebs-Nr. 9b abnahm. Die Lok konnte in der

Im Vergleich zu den Maschinen der preußischen Gattung T 3 wirkte die von Hanomag gebaute Lok **89 6307** *deutlich moderner. Nach Abschluss einiger Nacharbeiten konnte die Lok im Dezember 1955 wieder an das Bw Halberstadt übergeben werden.*

Ebene einen 436 t schweren Zug befördern. Die BSE verkaufte die Cn2t-Maschine 1930 zum Preis von 15.000,00 Reichsmark an die benachbarte Oschersleben-Schöninger Eisenbahn AG (OSE), bei der die Maschine ihre alte Betriebs-Nr. behielt. Erst 1933 wurde die Maschine umgezeichnet. Als »OSE 1031« gelangte der Dreikuppler zur DR, die ihm 1950 im Bw Oschersleben die Betriebs-Nr. 89 6307 gab.

In den folgenden Jahren stand 89 6307 meist als Rangierlok in Diensten der Bahnbetriebswerke Halberstadt, Magdeburg-Buckau und Magdeburg-Rothensee. Lediglich die Bahnbetriebswerke Jerichow und Salzwedel setzten den Dreikuppler noch im Personen- und Güterzugdienst ein. Im Bw Salzwedel endete schließlich auch der Einsatz der 89 6307, die am 29. Mai 1962 abgestellt und erst am 16. September 1965 ausgemustert wurde.

89 6403

Zu den ungewöhnlichsten Maschinen im Unterhaltungsbestand des Raw Blankenburg (Harz) gehörte die 89 6403. Die Nassdampf-Maschine besaß als einziger Dreikuppler der DR ein Zweizylinder-Verbundtriebwerk. Die

Westfälische Landes-Eisenbahn (WLE) hatte bei der Hanomag die Konstruktion dieser Cn2v-Tenderlok in Auftrag gegeben. 1908 stellte die WLE drei dieser für 50 km/h zugelassenen Maschinen mit den Betriebs-Nr. 81 bis 83 in Dienst. Allerdings wiesen die Dreikuppler einige schwerwiegende Mängel auf. Die Wangen des Blechrahmens waren zu schwach dimensioniert. Außerdem waren die Laufeigenschaften ungenügend, und die großen Flachschieber gingen häufig kaputt. Die WLE trennte sich daher recht schnell wieder von diesen Maschinen. Entgegen den bisher in der Literatur zu findenden Angaben verkaufte die WLE die Lok 81 Ende 1935 aber nicht an die Firma Erich am Ende in Berlin-Weißensee, sondern an die Firma Glaser & Pflaum in Düsseldorf. Zuvor hatte die Maschine in der Hauptwerkstatt der WLE in Lippstadt noch eine Fahrgestell-Untersuchung erhalten, die mit einer Probefahrt am 1. August 1935 abgeschlossen wurde.

Mitte der 1930er-Jahre suchte die Salzwedeler Kleinbahn GmbH (SaK), die die Strecken Salzwedel–Diesdorf und Salzwedel–Badel betrieb, eine weitere preiswerte Dampflok, um

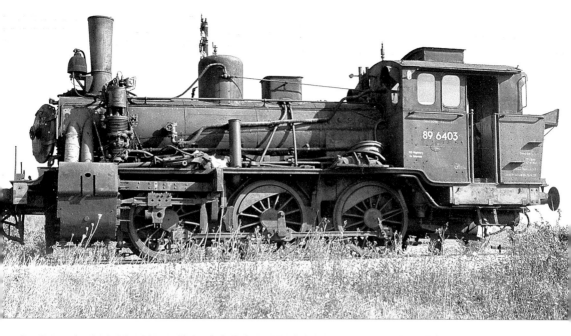

*Die Zweizylinder-Verbundmaschine **89 6403** stand im Sommer 1956 auf dem Gelände des Raw Blankenburg (Harz). Zu diesem Zeitpunkt war das Schicksal des Außenseiters bereits besiegelt.*

das deutlich gestiegene Frachtaufkommen bewältigen zu können. Die Gesellschafter der SaK stimmten dem zwar zu, allerdings durfte die Maschine nicht mehr als 20.000,00 Reichsmark (RM) kosten. Nach der Prüfung verschiedener Angebote entschied sich der Vorstand der SaK schließlich für die ehemalige Lok 81 der SaK, für die die Firma Glaser & Pflaum 16.000,00 RM verlangte. Zusätzliche Kosten entstanden jedoch u.a. durch den Einbau einer Luftdruckbremse der Bauart Knorr. Nachdem das Reichsbahn-Maschinenamt (RMA) Stendal am 14. Januar 1936 eine Lauffähigkeitsbescheinigung ausgestellt hatte, konnte die Cn2v-Tenderlok nach Salzwedel überführt werden. Die Abnahme der Maschine durch den zuständigen Reichsbevollmächtigten für die Bahnaufsicht in Hannover erfolgte am 2. April 1936. Zwei Tage später stellte die SaK die Verbund-Maschine mit der Betriebs-Nr. 11 in Dienst. Ab 5. Mai 1940 trug der Dreikuppler die Nr. 299. Allerdings war die Lok bei den Eisenbahnern höchst unbeliebt. Die Lokführer bemängelten die schlechten Laufeigenschaften des Dreikupplers. Neben den bereits bekannten

Schwächen fraßen sich nun immer wieder die Kolben fest, und die Anfahrvorrichtung der Bauart Gölsdorf fiel häufig aus. Dies führte dazu, dass sich die Lok nach einem Zwischenhalt nicht wieder anfahren ließ. Darüber hinaus verbrauchte die Verbundmaschine vergleichsweise viel Brennstoff. Auch die Werkstatt hatte mit dem Dauergast seine liebe Mühe. Angesichts der häufigen Schäden verringerte die Betriebsleitung im Herbst 1938 die Höchstlasten für die Lok 11. Sie durfte fortan nur noch Züge mit maximal 30 beladenen Achsen bespannen.

Bei einem Tieffliegerangriff Ende 1944 wurde die Maschine schwer beschädigt. Die notwendige Instandsetzung im Sachsenwerk Stendal dauerte bis zum 25. März 1945 und schlug mit 16.871,00 RM zu Buche. Die DR übernahm die Maschine im Frühjahr 1949 in Salzwedel und gab ihr die Betriebs-Nr. 89 6403. Die als störanfällig und als »Kohlefresser« bekannte Maschine verblieb bis 1953 in ihrer altmärkischen Heimat und wurde dann nach Jerichow umgesetzt. Hier wurde sie ab 28. April 1954 als Reserve konserviert abgestellt. Erst im November

*Frisch lackiert stand **98 6051** im November 1955 auf dem Gelände des Raw Blankenburg (Harz). Die Mallet-Maschine war zum Aufnahmezeitpunkt im Bw Vacha stationiert.*

1954 stand sie wieder an sieben Tagen unter Dampf und legte dabei lediglich 131 km zurück. Mit eigener Kraft wurde 89 6403 schließlich am 3. Januar 1955 nach Aschersleben überführt, wo sie im März 1955 ihre letzten 19 Einsatztage (4.200 km Laufleistung) absolvierte. In dem am 30. März 1955 ausgestellten Abstellprotokoll wurde vermerkt: »Am linken Kuppelradsatz 2 Speichen gebrochen (...) Außerdem ist die Lok hoch im Kohlenverbrauch. Heizrohre stark verbraucht.« Die nicht mehr betriebsfähige 89 6403 wurde gleichwohl von der Rbd Magdeburg auf dem Papier noch nach Bernburg und Salzwedel umgesetzt. Allerdings hat der Dreikuppler sein Heimat-Bw Salzwedel nicht mehr gesehen, denn ab Herbst 1955 stand die Maschine im Raw Blankenburg (Harz). Dies lehnte jedoch aus Kostengründen eine erneute Hauptuntersuchung für den Einzelgänger ab und führte die Lok nach Ablauf der Kesselfrist ab 15. Mai 1956 als »warten auf Ausbesserung«. Die z-Stellung erfolgte schließlich am 1. Oktober 1956, bevor die Maschine 1958 ausgemustert und im Blankenburg (Harz) verschrottet wurde.

98 6051

Auch die regelspurige Mallet-Maschine 98 6051 zählte zu den Exoten im Fahrzeugpark der DR. Die »Centralverwaltung für Secundairbahnen Herrmann Bachstein« (CV) benötigte Anfang des 20. Jahrhunderts für einige ihrer Nebenbahnen in Thüringen leistungsstarke Tenderlokomotiven.

Seitens der CV waren eine maximale Achsfahrmasse von 11 t und eine Höchstgeschwindigkeit von 45 km/h gefordert. Aufgrund der teilweise sehr engen Gleisbögen legte die CV außerdem großen Wert auf einen guten Kurvenlauf. Da die Maschinen mindestens vier gekuppelte Achsen haben mussten, diese aber nicht in einem starren Fahrwerk untergebracht werden konnten, entscheid sich die CV für die Beschaffung einiger Gelenkmaschinen der Bauart Mallet.

Die Entwicklung der gewünschten Lokomotiven übernahm die Firma Jung. Bereits 1901 lieferte Jung die ersten drei B´Bn4vt-Maschinen an die CV. Dazu gehörte auch die spätere 98 6051, die die Betriebs-Nr. 82 erhielt. Die CV wies die Lok der Greußen-Ebeleben-Keulaer

Eisenbahn (GEKE) zu, wo sie in erster Linie Güterzüge bespannte. Da die CV ihre Loks häufig zwischen den einzelnen Strecken in Thüringen umsetzte, stand die Lok 82 zeitweilig auch in Diensten der Weimar-Berka-Blankenhainer Eisenbahn (WBBE).

1939 rüstete die Hauptwerkstatt in Weimar die Maschine mit einem neuen Kessel (Fabrik-Nr. 6220) aus. Ab 1947 war die Lok auf der Hohenebra-Ebelebener Eisenbahn (HHE) im Einsatz. Dort wurde die Mallet-Maschine 1949 von der DR übernommen und in 98 6051 umgezeichnet.

Die Maschine war in den folgenden Jahren in den Bahnbetriebswerken Weimar, Gotha, Arnstadt, Erfurt G und Vacha stationiert. Doch der Einzelgänger spielte in der Zugförderung kaum eine Rolle. Bereits 1958 trennte sich die DR von der wartungsintensiven Gelenk-Maschine und verkaufte sie an den VEB Fettchemie Karl-Marx-Stadt. Hier verliert sich die Spur der 98 6051.

Vom Raw zum FEW Blankenburg (Harz)

1958 war auch das Raw Blankenburg (Harz) bereits wieder Geschichte. Schon Mitte der 1950er Jahre zeigte sich, dass die DDR-Industrie aufgrund ihrer beschränkten und völlig überlasteten Kapazitäten nicht in der Lage war, der DR die benötigten Maschinen und Anlagen zur Verfügung zu stellen. Der DR fehlte vor allem moderne Gleisbautechnik, mit der die maroden Strecken instandgesetzt werden konnten. Die Reichsbahn griff daher zur Selbsthilfe. Das Ministerium für Verkehrswesen (MfV) wies am 1. August 1957 die Umwandlung des Raw Blankenburg (Harz) in ein Reichsbahn-Entwicklungswerk (REW) an. Bereits im Herbst 1957 endete in Blankenburg die Dampflokunterhaltung. Die Beschäftigten stellten nun u.a. Signalscheiben, Schwellentragezangen und Richteisen her. Ab 1959 begann die Entwicklung und Fertigung so genannter Kleingeräte. Dazu zählten beispielsweise Schwellenfräsmaschinen und Kleinstopfmaschinen.

Nach der Umwandlung des REW zum Forschungs- und Entwicklungswerk des Verkehrswesens (FEV) am 1. Januar 1960 und der damit verbundenen Ausgliederung aus der DR begann 1961 der Bau von Jochmontagekränen, Bettungspflügen, Schwellenauswechselgeräten und Gleisbremsen. In den 1960er-Jahren änderte sich die Bezeichnung des Werkes noch zweimal. Ab 3. März 1963 besaß das Werk den Status eines »Wissenschaftlichen Industriebetriebes«. Ab 1. Mai 1967 unterstand das Werk wieder der DR, die es nun als »Forschungs- und Entwicklungswerk« (FEW) bezeichnete. Ab 1977 unterstand das FEW Blankenburg (Harz) der Reichsbahnbaudirektion.

In der zweiten Hälfte der 1960er-Jahre bildeten sich vier Schwerpunkte im Produktionsprofil des FEW Blankenburg (Harz) heraus. Dies waren Gleisbaumaschinen und Maschinen für die Streckenelektrifizierung, Rangieranlagen (einschließlich Gleisbremsen) nebst der dazugehörigen Steuerungen, Waschanlagen sowie Anlagen und Geräte für besondere Zwecke. Dazu zählte u.a. eine Fertigungsanlage für Betonschwellen für das Schwellenwerk Rethwisch.

Nach der Gründung der Deutschen Bahn AG (DB AG) am 1. Januar 1994 zählte das FEW Blankenburg (Harz) zum Geschäftsbereich (GB) Bahnbau. Drei Jahre später wurde das Werk dem Bereich Spezialwerke der DB AG zugewiesen. Bereits zu diesem Zeitpunkt versuchte die DB AG, das FEW Blankenburg (Harz) aus dem Konzern als eigenständiges Unternehmen auszugliedern bzw. zu verkaufen. Dies erfolgte schließlich zum 1. August 2003. Die DB AG gab das FEW an die »Gesellschaft für Sicherheits- und Umwelttechniken mbH« (GSU) in Berlin ab, die das Werk fortan als »FEW Blankenburg GmbH« betrieb. Im Herbst 2009 musste die FEW Blankenburg GmbH jedoch Insolvenz anmelden. Einige Monate später, im Juni 2010, übernahm die Villmann-Gruppe das traditionsreiche Unternehmen, das nur noch einen kleinen Teil des einstigen Werkgeländes nutzt. Die ehemalige Richthalle der Bema wird bereits seit mehreren Jahren vom »Verein Brücke e.V.« genutzt. Der am 8. Dezember 1999 gegründete Verein arbeitet hier im Rahmen von Arbeitsbeschaffungs- und Qualifizierungsmaßnahmen für Arbeitslose historische Schienen- und Straßenfahrzeuge auf. Jedes Jahr zu Pfingsten lädt der »Verein Brücke e.V.« zu einem »Historischen Wochenende« ein, wo die Besucher das Werkgelände und die gerade in Aufarbeitung befindlichen Objekte besichtigen können.

Auszüge aus den Betriebsbüchern der Blankenburger Spezialitäten

89 6031 (Henschel 1929/21446) ((1))
Stationierungen:
Bw Jerichow, z-Park: 1.1.50–3.10.52
Bw Jerichow: 4.10.52–20.11.52
Bw Salzwedel: 21.11.52–17.7.59
z-gestellt: - / ausgemustert: 18.7.59 ((2))
Anmerkungen:
1 ex Lok 276 der Genthiner Eisenbahn
2 Die Lok wurde am 18.7.1959 an
den VEB Zuckerfabrik Walschleben verkauft.

89 6107 (Jung 1900/425) ((1))
Stationierungen:
Bw Ketzin: 1.1.50–31.7.52
Bw Berlin-Pankow: 1.8.52–30.11.52
Bw Ketzin: 1.12.52–1.12.54
Bw Dessau: 2.12.54–8.6.55
Bw Magdeburg-Rothensee: 9.6.55–29.3.56
Bw Bernburg: 30.3.56–30.8.57
Bw Magdeburg-Rothensee: 31.8.57–16.4.61
Bw Haldensleben: 17.4.61–6.7.61
Bw Magdeburg-Rothensee: 7.7.61–25.3.64
z-gestellt: 26.3.64((2)) / ausgemustert: 15.9.65((3))
Anmerkungen:
1 ex Lok 1 der Westhavelländischen Kreisbahnen
2 Die Lok wurde am 31.1.1963 abgestellt.
3 Die Lok wurde am 31.1.1967 in Prag zerlegt.

89 6118 (Hohenzollern 1903/ 1488) ((1))
Stationierungen:
Bw Brandenburg-Altstadt: 1.1.50–15.5.52
Bw Frankfurt (Oder) Pbf: 16.5.52–31.3.55
Bw Wriezen: 1.4.55–29.5.56
Bw Frankfurt (Oder) Vbf: 30.5.56–27.11.56
Bw Frankfurt (Oder) Pbf: 28.11.56–11.8.61
z-gestellt: 12.08.61 ((2)) / ausgemustert: 8.11.61 ((3))
Anmerkungen:
1 ex Lok 1-21 der Brandenburgischen Städtebahn
2 Die Lok wurde am 31.01.1961 abgestellt.
3 Die Lok wurde am 23.03.1962 zerlegt.

89 6137 (Henschel 1909/9246) ((1))
Stationierungen:
Bw Stendal: 1.1.50–31.1.56
Bw Magdeburg-Rothensee: 1.2.56–5.3.56
Bw Salzwedel: 6.3.56–23.11.60
Bw Wriezen: 24.11.60–17.12.60
Bw Bernburg: 18.12.60–24.11.61
Bw Stendal: 25.11.61–25.3.64
z-gestellt: 26.03.64 ((2)) / ausgemustert: 10.2.65((3))
Anmerkungen:
1 ex Lok 292 der Stendaler Eisenbahn
2 Die Lok wurde am 31.10.1962 abgestellt.
3 Die Lok wurde am 19.6.1965 im Raw Halle (Saale)
zerlegt.

89 6210 (Henschel 1906/7030) ((1))
Stationierungen:
Bw Haldensleben: 1.1.50–23.12.50
Bw Stendal: 24.12.50–4.12.52
Bw Jüterbog: 5.12.52–1.08.57
Bw Wriezen: 2.8.57–11.9.62
Bw Frankfurt (Oder) Pbf: 12.9.62–17.9.65
Bw Wriezen: 18.9.65–17.7.67
z-gestellt: - ausgemustert: 18.7.67((2))
Anmerkungen:
1 ex Lok 290 der Eisenbahn
Gardelegen-Haldensleben-Weferlingen
2 Die Lok wurde am 18.7.1967 an die
LPG »Thomas Müntzer« Worin (Kr. Seelow) verkauft.

89 6213 (Hanomag 1907/ 5009) ((1))
Stationierungen:

Raw Chemnitz: 1.3.50–18.4.50 L 2
Bw Luckau: 19.4.50–10.5.51
Bw Luckau: 11.5.51–31.5.51 L 0 G
Bw Luckau: 1.6.51–4.7.52
Bw Cottbus: 5.7.51–26.8.52
Raw Cottbus: 26.8.52–18.9.52 L 3 mW
Bw Luckau: 19.9.52–28.6.53
Bw Luckau: 29.6.53–2.7.53 L 0
Bw Luckau: 3.7.53–2.7.54
Raw Halle, WA West: 3.7.54–30.3.55 L 2
Bw Luckau: 31.3.55–28.10.55
Raw Blankenburg (Harz): 30.10.55–31.12.55 L 4
Bw Luckau: 1.1.56–
Raw Blankenburg (Harz): 2.3.56–16.7.56 Nacharbeit
Bw Luckau:
Bw Kamenz: 20.11.56–4.12.56
Werk Tramberg-Pieltitz: 5.12.56–
Bw Luckau: 4.2.58–31.3.58 L 0
Bw Hoyerswerda: 3.6.58–8.3.59
Bw Senftenberg: 9.3.59–5.8.59
Raw Karl-Marx-Stadt: 6.8.59–30.9.59 L 3 mW
Bw Wittenberge: 1.10.59–13.3.61((2))
Raw Halle: 28.3.61–29.4.61 L 2
Bw Wittenberge: 30.4.61–30.5.64
z-gestellt: 31.5.64 ((3)) / ausgemustert: 4.3.66 ((4))
Anmerkungen:
1 ex Lok 35 der Niederlausitzer Eisenbahn
2 vom 7.11.1959 bis 10.3.1961 Leihlok im Raw
Wittenberge
3 Die Lok wurde am 7.2.1963 abgestellt.
4 Die Lok wurde am 5.4.1966 zerlegt.

80 6307 (Hanomag 1920/9450) ((1))
Stationierungen:
Bw Oschersleben: 1.1.50–25.1.50
Bw Halberstadt: 26.1.50–19.12.55
Bw Magdeburg-Buckau: 20.12.55–28.12.55
Bw Magdeburg-Rothensee: 29.12.55–20.4.56
Bw Jerichow: 21.4.56–6.7.60
Bw Salzwedel: 7.7.60–6.2.63
z-gestellt: 7.2.63((2)) / ausgemustert: 16.9.65 ((3))
Anmerkungen:
1 ex Lok 1031 der Oschersleben-Schöninger Eisenbahn
2 Die Lok wurde am 29.05.1962 abgestellt.
3 Die Lok wurde am 31.01.1967 in Prag zerlegt.

80 6402 Hanomag 1908/5205) ((1))
Stationierungen:
Bw Salzwedel: 1.1.50–19.10.53
Bw Jerichow: 20.10.53–2.1.55
Bw Aschersleben: 3.1.55–23.6.55
Bw Bernburg: 24.6.55–12.10.55
Bw Salzwedel: 13.10.55–30.9.56
z-gestellt: 1.10.56 ((1)) / ausgemustert: 14.6.58 ((2))
Anmerkungen:
1 ex Lok 299 der Salzwedeler Eisenbahn
2 Die Lok wurde am 14.05.1956 abgestellt.
3 Die Lok wurde am 10.11.1958 im
Raw Blankenburg (Harz) zerlegt.

98 6051 (Hersteller: Jung/ 472)
Stationierungen:
Bw Weimar: 1.1.50–xx.xx.50 / Bw Gotha: xx.xx.50–xx.xx.52
Bw Erfurt G: xx.xx.52–xx.xx.53
Bw Arnstadt: xx.xx.53–8.4.53 / Bw Gotha: 9.4.53–30.4.53
Bw Weimar: 1.5.53–1.2.55 / Bw Vacha: 2.2.55–12.9.56
Bw Weimar: 13.9.56–30.4.58
z-gestellt: - / ausgemustert: 1.5.58((2))
Anmerkungen:
1 ex Lok 82 der Hohenebra-Ebelebener Eisenbahn
2 Die Lok wurde am 1.5.1958 an den
VEB Fettchemie Karl-Marx-Stadt verkauft.

Joachim Schwarzer

Butzbach-Licher-Eisenbahn (BLE)

Die aktuelle Situation der von der BLE befahrenen Bahnstrecken

Das Unternehmen, eine Tochter der Hessischen Landesbahn, betreibt Reisezugverkehr mit GTW-Triebwagen auf verschiedenen Strecken in der Wetterau, einem überwiegend landwirtschaftlich genutzten Landstrich im Bundesland Hessen.

Güterverkehrsleistungen werden in Eigenregie mit der MaK-1002-Diesellok 831 lediglich auf dem kurzen Stück von Butzbach DB-Bahnhof bis zum Weichenwerk im nördlichen Stadtgebiet an der Strecke nach Pohlgöns (früher weiter bis Kirchgöns, bzw. Oberkleen) erbracht. Ferner kann diese Lok vor Holzzügen ab/bis Griedel im Einsatz sein, wenn in Münzenberg verladen wird.

Durch die DB Schenker AG werden ab dem Güterbahnhof Wetzlar mit einer Lok der Baureihe 294 der Bahnhof Butzbach DB und hier nur der Übergang zur BLE bedient, ferner die Ladestraße in Friedberg, wo Holzverladung stattfindet. Weiterhin wird ab Wetzlar zu zwei Anschlussgleisen in Gießen-Erdkauter Weg gefahren. Weitere Bedienungsfahrten gibt es noch in Hanau Nord ab dem dortigen Hauptbahnhof. Alle anderen Bahnhöfe in der Wetterau sind ohne Frachtaufkommen, wobei vielerorts die Lade-

Stammstrecke: Abgestellte GTW am 19.8.2010 im modernen Bw Butzbach Ost.

gleise und Umschlagsstellen abgebrochen sind.

Neben den Aktivitäten im mittelhessischen Raum ist man auch in Nordbayern tätig, wo mit sechs Desiros der DB-BR 642 schienengebundene Nahverkehrsleistungen auf der Kahlgrundbahn von Hanau über Kahl am Main nach Schöllkrippen erbracht werden. Der Infrastrukturbetreiber ist hier weiterhin die Kahlgrundbahn.

Der Restbetrieb auf der alten Stammstrecke der BLE

Die Eisenbahnfreunde Wetterau (EfW) mit Sitz in Bad Nauheim befahren mit ihren Fahrzeugen im planmäßigen Ausflugsverkehr das Teilstück Bad Nauheim Nord-Griedel-Münzenberg. Ein Übergang auf das Netz der DB AG ist in Bad Nauheim nicht möglich, weil hier ein Prellbock im Gleis installiert ist. Der Bahnhof Oppertshofen beherbergt einige abgestellte, unbrauchbare Dieselloks aus Werkbahnbeständen, die einem Privatmann gehören. Im Endpunkt Münzenberg findet in regelmäßigen Abständen Holzverladung durch private Logistikanbieter statt, das über Butzbach abgefahren wird.

Oben: *Bahnhof Rockenberg am 19.8.2010.*
Mitte: *Abgestellte Fahrzeuge der »Eisenbahnfreunde Wetterau« in Rockenberg.*
Unten:
Friedberg-Friedrichsdorf
Am 28.9.2010 aus Friedrichsdorf nach Friedberg ausfahrender GTW. Links abgestellte LINT der Taunusbahn.

Friedberg-Friedrichsdorf: *Zwei GTW kreuzen am 12.19.2001 in Rodheim. Zugkreuzungen waren hier bis 2002 möglich. Heute ist der Bahnhof zur eingleisigen Haltestelle zurückgebaut.*

In der Regel werden an einem bestimmten Tag ab den Nachmittagsstunden die ersten Leerwagen in Münzenberg durch die EfW bereitgestellt, später beladen, wieder abgezogen und in Griedel, gegebenenfalls auch in Gambach abgestellt. So geht es am Folgetag weiter, bis alle Wagengarnituren beladen und zu einem Ganzzug zusammengestellt sind und nachmittags über Butzbach Ost an das beauftragte Verkehrsunternehmen übergehen. Hierbei ist dann auch die Lok 831 der BLE im Einsatz.

Auf dem Abschnitt Butzbach DB - Ostbahnhof sind regelmäßig die GTW-Triebwagen aus dem Wetterraunetz zu beobachten, die in den örtlichen modernen Werkstattanlagen gewartet und untersucht werden. Die dortigen Gleisanlagen hat man komplett saniert und den betrieblichen Erfordernissen angepasst. Hierbei wurden Teilflächen mit Metallgitterzäunen versehen. Mitte September 2011 kamen nach Butzbach Ost erste neue LINT-41 - Fahrzeuge, die man hier für den Einsatz auf dem Lahntal-, Vogelsberg- und Rhönbahnnetz vorbereitete und anschließend zeitbefristet im Planverkehr auf anderen Strecken einsetzte. Am 25.10.2011

wurde in Fulda das erste neue Triebfahrzeug der Hessischen Landesbahn der Öffentlichkeit vorgestellt. Anfang November kam es zu ersten Planeinsätzen auf dem vorgenannten Netz. Bereits vor dem Planwechsel am 10./11.12.2011 wollte man alle Leistungen von den DB-Triebwagen der BR 628.4 auf HLB-Fahrzeuge umgestellt haben.

Regelmäßiger Güterverkehr wird, wie bereits erwähnt, nur zwischen dem DB-Bahnhof und dem Weichenwerk durchgeführt. Nordwestlich hiervon haben in einem Industriegelände mit Gleisanschluss die Butzbach-Licher-Eisenbahnfreunde e.V. ihre Heimat. Sie betreuen u. a. die beiden Jung-Loks V 13 + 17, die aus alten Beständen der Siegener Kreisbahn stammen und die früher bei der BLE im Einsatz waren. Beide Maschinen sind im Ist-Zustand ohne Fristen und nicht einsetzbar. Der weitere Streckenverlauf bis Kirchgöns bzw. in Richtung Ebersgöns (an der ehemaligen Verbindung nach Oberkleen) war per Stand 1.4.2011 unbefahren und die Gleisanlagen von einer dicken Rostschicht überzogen. An den Bahnübergängen sind die Spurrillen stark verschmutzt, und der Gleiskör-

Friedberg-Friedrichsdorf: Friedberg am 12.10.2001. Ein GTW (Mitte) vor Abfahrt nach Hanau und rechts ein GTW nach Nidda.

per wächst mehr und mehr zu. Die ehemalige Strecke nach Oberkleen endet einige hundert Meter außerhalb von Pohlgöns gesichert durch einen Prellbock mitten in der Feldgemarkung. Wie es mit der Verbindung zum ehemaligen US-Camp Kirchgöns weiter geht, ist unklar. Auf diesem Gelände lassen sich verschiedene private Unternehmen nieder. Man glaubte, für diese Gütertransporte auf der Schiene abzuwickeln, was sich aber zerschlagen hat.

Die mit GTW befahrenen Strecken der Deutschen Bahn AG (Netzbetreiber: DB Netz AG)

a) Friedberg-Friedrichsdorf

Die Strecke wird ausschließlich mit GTW befahren, die in Friedberg stationiert sind. Andere Fahrzeuge sieht man in der Regel nicht. Seit Frühjahr 2002 steht für Zugkreuzungen lediglich der Bahnhof Rosbach zur Verfügung. Das kann bei Verspätungen oder Störungen zu Verzögerungen im Betriebsablauf führen. Etwas übereilt hatte seinerzeit die DB Netz AG den einstmals fünfgleisigen Bahnhof Rodheim zu einer Haltestelle ohne Nebengleise zurück gebaut. Dort wo sich früher Ladestraße, Landhandel und Rübenverladeanlage befanden, ist

heute eine Neubausiedlung entstanden. Südlich des Bahnhofs Rosbach zweigt in westlicher Richtung das nicht mehr befahrene Anschlussgleis zum Zentrallager eines Lebensmittel-Verteilzentrums ab. Die 1987 mit viel Prominenz in Betrieb genommene, ca. 1000 m lange Gleisverbindung, hat ihre Erwartungen nie erfüllt und ist seit dem Jahr 2000 stillgelegt. Entgegen anderslautender Internetberichte war dieser Anschluss am 25.10.2011 noch vorhanden und ist nicht abgebaut. Dagegen hat man die Verbindungsweiche zu einem Firmengelände nahe des Haltepunkts Friedberg Süd entfernt.

b) Friedberg-Hanau

Bei dieser Strecke handelt es sich eine zweigleisige, elektrifizierte Verbindung, die hauptsächlich durchgehenden Gütertransporten in Nord-Südrichtung und umgekehrt dient. Für den Reisezugverkehr hat sie im Ist-Zustand lediglich lokale Bedeutung. Bei Betriebsstörungen im Großraum Frankfurt wird zu häufig zu Umleitungszwecken benötigt.

Eigentlich sollten ab 11.12.2011 die hier eingesetzten GTW durch neue Fahrzeuge des Typs Talent 2 der DB Regio Hessen GmbH, einer

Friedberg-Nidda-Hungen: GTW-Kreuzung am 2.11.2010 im Bahnhof Echzell.

Zulassungsbescheinigungen durch das Eisenbahnbundesamt. So wird man die Fahrzeuge der BLE noch weiter beobachten können.

Seit Oktober 2011 kommen vermehrt neu angelieferte LINT-41 - Triebwagen zum Einsatz, die hier zwecks Personalschulung und zu Garantiezwecken unterwegs sind. Häufig sieht man Durchgangs-Güterzüge der DB Schenker AG und privater Logistikanbieter. Als besonderes Fotomotiv sei auf die große Talbrücke bei Assenheim hingewiesen. In Nidderau gibt es interessante Motive, wenn dort zeitgleich auch die Doppelstock-Wendezüge mit BR 218 der Niddertalbahn kreuzen. Frachtverkehr zu örtlichen Ladestraßen gibt es nicht mehr. Mit Fahrdienstleitern besetzt sind die Stationen Assenheim, Nidderau, Bruchköbel und Hanau Nord.

c) Friedberg-Beienheim-Nidda bzw. -Hungen

Zwei RE-Zugpaare zwischen Frankfurt, Friedberg, Nidda und zurück werden mit Wendezügen und Loks der BR 218 der DB Regio AG gefahren, wobei diese Garnituren in Stockheim übernachten. Alle übrigen Leistungen, auch

100-prozentigen Tochter der DB Regio AG, abgelöst werden, was aber auf unbestimmte Zeit verschoben wurde. Der Grund sind fehlende

die nach Frankfurt sind mit GTW unterwegs. Zwischen Friedberg und Nidda wird in vielen Stationen modernisiert, um- und rückgebaut. Entfernt hat man die Gleisanlagen zur Müllverladestation in Grund Schwalheim. Hier wird alles über die Straße transportiert.

Zur Vermeidung illegaler Gleisüberschreitungen sind die Gleisanlagen der Kreuzungsstationen Reichelsheim und Echzell komplett eingezäunt und die Fotografiermöglichkeiten entsprechend eingeschränkt. Der Abzweigbahnhof Beienheim ist mit Flügelformsignalen ausgestattet, die ein örtlicher Fahrdienstleiter bedient. Alle übrigen Haltestellen sind betrieblich unbesetzt. Die DB plant zusammen mit dem Rhein-Main-Verkehrsverbund (RMV) und den Kommunen die Stationen Beienheim, Weckesheim und Häuserhof zu modernisieren und behindertengerecht auszubauen.

Mit Ablauf von Freitag,

Oben:
Friedberg-Nidda-Hungen
HLB-GTW 128 fährt am 2.11.2011 aus dem neu gestalteten Bahnhof Reichelsheim aus.
Mitte:
Gießen-Gelnhausen
Zugkreuzung m 23.2.2011 im Bahnhof Bündgen.
Unten:
Friedberg-Beienheim-Hungen
Zugkreuzung am 19.7.202 in Wölfersheim Södel. Heute sind das Ausweichgleis und die Signale abgebaut.

Friedberg-Nidda-Hungen: *GTW 509 109 fährt am 24.4.2010 aus Richtung Friedberg in Nidda ein.*

4.4.2003, dem damaligen Beginn der hessischen Osterferien, endete der Personenverkehr zwischen Wölfersheim-Södel und Hungen. Seither wird nur noch das kurze Stück von Beienheim her befahren. Im neuen Endpunkt steht nach Rückbaumaßnahmen lediglich ein Bahnsteiggleis zur Verfügung. Geschichte ist auch das Braunkohlenkraftwerk mit Gleisanschluss und Schmalspurbahn, auf dessen Gelände ein Industriepark entstand.

Der weitere Verlauf bis Hungen ist wegen dem starken Vegetationsbewuchs unbefahrbar. Ein

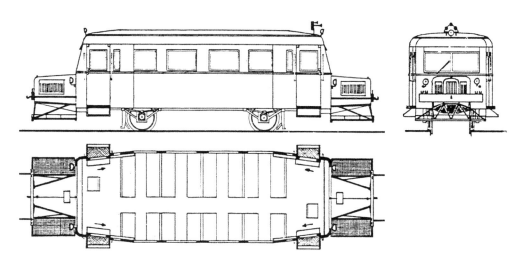

Kleinbahn-Erinnerungen©: *Es gab mal eine Zeit, da hat man nicht zuletzt aus Kostengründen für sich persönlich neben Fotos von Fahrzeugen auch noch Skizzen angefertigt, wie hier vom Wismarer Schienenomnibus VT 2 der Butzbach-Licher Eisenbahn.* *Zeichnung: Werner Stoos*

Trassensicherungsvertrag verhindert hier einen möglichen Rückbau. Nach dem vorgesehenen, viergleisigen Ausbau der Main-Weser-Bahn (KBS 530) von Frankfurt bis Friedberg hat man so die Option, den stillgelegten Abschnitt wieder befahrbar herzurichten und Schienenverkehr in den Großraum Frankfurt am Main anzubieten. Dieses Vorhaben hängt von politischen Entscheidungen, damit verbundenen finanziellen Zuwendungen und der Bestellung entsprechender Zugleistungen durch den RMV ab.

d) Giessen-Nidda- Gelnhausen (Lahn-Kinzig-Bahn)

Alle mit örtlichen Personal der DB Netz AG besetzten Betriebsstellen (Pfahlgraben, Lich, Hungen, Ober Widdersheim, Nidda, Stockheim, Büdingen und stundenweise Mittel Gründau) sind mit Flügelformsignalen ausgestattet, wobei man besonders die Blockstelle Pfahlgraben zwischen Garbenteich und

Oben:
Friedberg-Beienheim-Hungen
GTW am 197.2002 in Bernstadt-Wohnbach.
Mitte:
Friedberg-Beienheim-Hungen
Links GTW Gelnhausen-Gießen am 19.7.2002 im Knoten Hungen. Rechts DB-VT 628 als Leerfahrt nach Stockheim.
Mitte:
Gießen-Gelnhausen
GTW 509 110 verlässt am 17.10.2011 den Bf. Gießen zur Fahrt nach Gelnhausen.

Friedberg-Nidda-Hungen: *GTW-Treffen am 24.4.2010 im neu gestalteten Bahnhof Nidda.*

Lich beachten sollte, eine der letzten dieser Art an einer Nebenbahn. Planmäßigen Güterverkehr gab es bis zum 31.5.2011 an zwei Tagen in der Woche (Montag und Donnerstag), wenn morgens eine Lok der BR 294 von Wetzlar aus den Gleisanschluss des Holzwerks Pfleiderer in Nidda mit Leimkesselwagen und Rohholz versorgte. Wegen der durchgeführten Werksschließung ist das jetzt Geschichte. Das Schotterwerk in Ober Widdersheim verlädt zur Zeit nicht auf die Bahn. Die Gleisanlagen dorthin sind betrieblich gesperrt und mit Sh-Tafeln gesichert. Eine vorhandene O&K-Werklok befand sich per Stand Mai 2011 in einem optisch sehr unschönen Zustand.

Die hier fahrenden GTW werden von der Einsatzstelle Nidda aus eingesetzt. Für etwas Abwechslung sorgen morgens und abends die Leerfahrten der DB Regio AG im Abschnitt Nidda-Stockheim und umgekehrt für die RE-Leistungen auf der KBS 632. Das Umfeld des Bahnhofs Nidda ist neu gestaltet und wurde im August 2011 seiner Bestimmung übergeben. Den Baumaßnahmen sind die Stückguthalle sowie sämtliche Ladestraßen und Gütergleise zum Opfer gefallen. Dafür entstand ein zeitgemäßer Busbahnhof und eine P+R-Anlage.

Obwohl viele Gleise betrieblich gesperrt oder rückgebaut sind, werden zwei Stellwerke zur Abwicklung des Zugverkehrs benötigt.

Weitere Stationen entlang der Lahn-Kinzig-Bahn sind in nächster Zeit zu einer grundlegenden Sanierung der Bahnsteiganlagen vorgesehen, wobei das Flair der Vergangenheit auch hier endgültig verschwinden wird. Geplant sind diese Maßnahmen für Lich, Hungen, Stockheim und Büdingen.

Die umfangreichen Gleisanlagen des Bahnhofs Hungen, die fast alle unbefahrbar sind, lassen die einstige Bedeutung des Knotens nur erahnen. Für den Regelbetrieb werden lediglich zwei Bahnsteiggleise (Gleis 2+4) benötigt. Der Hausbahnsteig mit Gleis 1 als Endpunkt der Verbindung von Friedberg wird nicht mehr genutzt.

Die hier abzweigende Strecke nach Laubach, die früher weiter bis Mücke (KBS 635) führte, wurde im Spätsommer 2007 durch ein privates Unternehmen komplett abgebaut. Der für Hungen immer wieder vorgesehene Abbau der nicht mehr benötigten Gleisflächen ist auf unbestimmte Zeit verschoben worden. Auffällig ist, dass für die Betriebsabwicklung noch immer zwei Stellwerke erforderlich sind.

Wolfgang Zeunert

Neue Modelle

nach Vorbildern bei Klein- und Nebenbahnen

Esslinger-Triebwagen für Privatbahnen (H0; BREKINA 64101)

Die Maschinenfabrik Esslingen war einst ein bedeutender Lokhersteller in Württemberg. Die Firma entwickelte nach einem Lastenheft des damaligen Verbandes Nichtbundeseigener Eisenbahnen (VDNE) einen vierachsigen Triebwagen mit zwei unterflurig montierten Dieselmotoren, der sowohl als Personentriebwagen als auch als Schlepptriebwagen im Güterverkehr verwendet werden konnte. Zwischen 1951 und 1961 wurden 50 Fahrzeuge gebaut. Bis 1957 waren es in einer ersten Bauserie 25 Trieb-, 6 Bei- und 4 Steuerwagen. Charakteristisch für diese Serie waren die Stirnseiten mit drei Fenstern. Zwischen 1958 und 1961 entstand eine zweite Bauserie, die 6 Trieb-, 4 Bei- und 5 Steuerwagen umfasste. Sie hatten einen veränderten Wagenkasten und waren etwas länger als die Fahrzeuge der ersten Serie. Die Bentheimer Eisenbahn kaufte drei einmotorigen Triebwagen, die über ein Antriebsdrehgestell verfügten. Die Esslinger wiesen entsprechend den Kundenwünschen kleine Unterschiede auf.

Nachdem die Firma BREKINA die Kleinbahn-Modellbahner schon mit einem Modell des MAN-Schienenbusses in verschiedenen Lackierungen bedacht hat, lieferte dieser Hersteller nun auch ein Modell des vierachsigen Esslinger Triebwagens aus. Als Vorbild diente ein VT der Südwestdeutschen Eisenbahngesellschaft (SWEG), der als VT 102 ohne Werbebeschriftung und als VT 104 mit der damals für Kleinbahnen typischen »Jägermeister« - Werbung angeboten wird.

Das Modell mit einer LüP von ca. 27 cm hat ein Fahrwerk aus Metall. Der Aufbau ist aus Kunststoff hergestellt. Das Dach besitzt die Nachbildung von Lüftern, Auspuff und zahllosen Nieten der Verblechung des Vorbildes. Die Seiten des Wagenkastens haben zehn Abteilfenster, eine Laderaumtür und zwei Einstiegstüren, die plastisch ein wenig nach innen versetzt sind. Die Fenster mit angravierten Griffen sind einwandfrei sauber eingesetzt und erlauben einen freien Durchblick durch den Wagen. Die dreifenstrige Stirnfront hat Scheibenwischer an einem Stirnfenster sowie eine bereits werkseitig angebrachte Elektrokupplung und beidseitig Rückspiegel. Die rote Lackierung ist ebenso makellos wie die Beschriftung mit der Werbung. Die Drehgestelle sind fein graviert und leicht unterschiedlich ausgeführt. Unter dem Wagen sind die Unterseiten der beiden Vorbildmotoren nebst Getrieben angedeutet

BREKINA H0: Seitenansicht vom Modell des Esslinger Triebwagens.

BREKINA H0: Seitenansicht vom Esslinger Triebwagen mit typischer Blechvernietung des Daches, komplett freiem Durchblick durch den Wagen, Inneneinrichtung, vorbildgetreuen Drehgestellrahmen und Andeutung des Antriebs unter dem Wagenboden.

BREKINA H0: Detailansicht der vorbildgetreu nachgebildeten Stirnpartie des Esslinger Triebwagens.

dargestellt und mit frei stehenden Leitungen verbunden. Einseitig unter dem Wagen ist die WEBASTO-Heizung angebracht. Die Drehgestelle haben kulissengeführte Normschächte für die Kupplungen. Der niederflurig angeordnete Motor überträgt seine Kraft über Schnecken und Stirnradgetriebe auf die Achsen der Drehgestelle. Die Beleuchtungsplatine ist unter dem Dach angeordnet und wird unsichtbar durch die Toilette mit Kabeln versorgt. Der

Triebwagen hat eine achtpolige Schnittstelle (NEM 652) zum Nachrüsten eines Decoders. Die Stirnlampen leuchten wechselnd mit der Fahrtrichtung weiß bzw. rot. Möglicherweise stört sich ein Käufer daran, dass gelbe anstelle von weißen LEDs verwendet wurden. Mir persönlich sind die gelben LEDs lieber, geben sie doch das Licht der früher üblichen Ausstattung mit Glühlampen realistischer wieder. Die Laufeigenschaften dieses Esslingers sind superb. Die Fahrgeschwindigkeit lässt sich bereits im Analogbetrieb feinfühlig einstellen. Der Wagen rollt flüsternd über die Gleise und kontaktsicher über Weichen. Der VT ist in einer harten Plastikschachtel mit Plastikinnenverpackung sicher aufbewahrt. Dem Modell liegt eine Wartungsanweisung mit vierfarbigen Fotos bei. Zunächst wird der Esslinger nur für Zweileiter-Gleichstrom geliefert. Eine Mittelleiterausführung ist für Mitte 2012 angekündigt.

Fazit: Als Kleinbahner bin ich begeistert, dass von BREKINA ein solch prächtig ausgeführtes Modell von einem vielseitig einsetzbaren und beim Vorbild weit verbreiteten Privatvatbahn-Triebfahrzeug geschaffen worden ist. Der kulante Verkaufspreis macht es möglich, dass sich auch Modellbahner mit kleinerem Budget dieses gelungene Fahrzeug anschaffen können.

ÖBB-BDVT 5022 045 der »S-Bahn Steiermark« (H0, PIKO 52035)

Mit dem »Desiro«, gebaut von Siemens Duewag Schienenfahrzeuge GmbH, wurde ein moderner Dieseltriebwagenzug mit einer Höchstgeschwindigkeit von 120 km/h für den Regionalverkehr geschaffen. Wesentliches Komfortmerkmal der Züge sind 60 % Niederfluranteil mit einer Fußbodenhöhe von nur 575 mm sowie ein heller und großräumiger Innenraum

PIKO H0: *Drauf- und Seitensicht vom Desiro-Modell nach Vorbild der ÖBB-S-Bahn Steiermark.*

mit großen Fensterbändern und Durchsicht durch den gesamten Zug. Der »Desiro« ist als Baureihe 642 bei der DB AG im Einsatz. Darüber hinaus findet man ihn bei zahlreichen privaten Eisenbahn-Verkehrsunternehmen, aber auch bei den Österreichischen Bundesbahnen, die eine größere Stückzahl beschafft haben.

Nach verschiedenen anderen Versionen hat PIKO nun auch einen Triebwagenzug nach ÖBB-Vorbild in der Lackierung »S-Bahn Steiermark« im Angebot.

Besonders lobenswert sind die gelungene Nachbildung der Frontpartie sowie die Ausführung des Dachbereiches und der Drehgestelle mit vielen einzeln angesetzten Bauteilen. Der Antrieb durch einen Motor mit Schwungmasse wirkt über Kardanwellen und Schnecken-Stirnrad-Getriebe auf zwei Achsen. Die Getriebeblöcke sind aus Zinkdruckguß. An der Stirn- und Rückseite können beigelegte Imitationen der Scharfenberg-Kupplung angebracht werden. Außerdem liegen Normalspurpuffer und

eine Kuppelstange bei, mit der nach Kauf mehrerer Modelle auch mehrteilige Triebwagenzüge gebildet zu können. Das Analogmodell besitzt eine digitale Schnittstelle nach NEM 652. Die schon beim Vorbild elegante Lackierung mit dunkelgrauem Dach und Fahrzeugrahmen sowie hellgrauen Seitenwände wird durch die blaue Lackierung des Führerstandbereichs mit großem weißen »S« (für S-Bahn) betont. Die Einstiegtüren sind weiß lackiert. Die mehrfarbige und zum Teil winzige Bedruckung ist mit der Lupe klar lesbar. Die Laufeigenschaften des ca. 460 mm langen Triebwagenzuges sind vorzüglich. Die Dokumentation des Modells ist mit zahlreichen Faltblättern als vorbildlich zu bezeichnen.

Fazit: Auch der PIKO-Desiro macht in dieser ÖBB-Ausführung rundherum Freude. Da der öffentliche Nahverkehr mit S-Bahnen ohnehin im Interessengrenzgebiet der Lokalbahnfreunde liegt, gehört der VT einfach auf jede Anlage nach österreichischen Vorbild .

PIKO H0: Bestechend schön dekoriertes Modell einer Vossloh-G 1206 nach Vorbild der Infrauleuna.

Diesellok Infraleuna IL 208 (H0; PIKO 59289)

Vossloh Locomotives GmbH hat mit der B'B'dh-Mehrzwecklokomotive G 1206 ein robustes Triebfahrzeug im Programm, das sich schon seit längerer Zeit als Standardlok mit über einhundert ausgelieferten Maschinen bei deutschen Privat- und Werkbahnen bewährt. Unter anderem wurden auch von Infraleuna die Loks IL 207 (2008/5001745) und IL 208 (2009/5001880) beschafft. Die Leuna-Eisenbahn besteht schon über neunzig Jahre. Neben dem Werkbahnverkehr auf dem 100 km langen eigenen Schienennetz wächst die Bedeutung von IL als Eisenbahn-Verkehrs-Unternehmen (EVU) .

Nachdem PIKO ohnehin ein Modell der Vos-

PIKO H0: Als Formänderung erhielt die G 1206 von Infraleuna eine Klimaanlage auf dem Dach.

sloh G 1206 im Programm hat, lag es nahe, die Lok auch die Infraleuna-Maschine IL 208 als »Expert-Modell« herauszubringen. Das Lokgehäuse hat ein asymmetrisch von der Lokmitte weg zum Lokende hin platziertes Führerhaus mit angedeuteter Inneneinrichtung und dem großen, seitlich versetzten Auspuffrohr. Der wichtigste Unterschied zu bisherigen PIKO-Ausführungen dieser Loktype ist die auf dem Dach des Führerhauses montierte Klimaanlage des Führerhauses.

Das Mittelteil des langen Vorbaus kann (beim Vorbild) für den ungehinderten Zugang zum Motor geöffnet werden. Davor seitlich sind die großen Lüftergitter zu sehen. Oben auf dem Lokvorbau sind in fein durchbrochener Ausführung die vergitterten Ventilatoröffnungen vorhanden, durch die die Ventilatorblätter sichtbar sind. Die Drehgestellrahmen sind plastisch graviert. Zwischen den Drehgestellen ist der große Kraftstofftank angebracht, in den von unten der Lautsprecher einer Geräuschelektronik eingebaut werden kann. Die Laufstege neben den Aufbauten auf dem Fahrwerk sind mit sowohl sehr zierlichen als auch solide festen Metallgeländern geschützt. Die Lok ist makellos preußisch-blau lackiert, was ihr zusammen mit der Bilddarstellung der chemischen Industrie in Leuna (»Wir bewegen was«) ein ausgesprochen elegantes Aussehen verschafft. An den Führerhauswänden sind Loknummer, Firmenlogo und ein winziges Fabrikschild (alufarbene Schrift auf schwarzem Grund) aufgedruckt. Die Geschwindigkeit der

Pijo H0: *Stadler GTW 2/6 der Arriva für den Einsatz in den Niederlanden und nach Deutschland.*

Lok ist fein einstellbar, und die Laufqualitäten sind insgesamt bestens und leise. In die Mittelleiterversion ist ein Uhlenbrock Hobby-Decoder eingebaut. In der Zweileiterausführung ist eine Schnittstelle für den nachträglichen Decodereinbau vorhanden.

Lobenswert ist die beigefügte umfangreiche Drucksachensammlung mit Bedienungsanleitung in grafischen Darstellungen, Ersatzteilliste und (beim Mittelleitermodell) Decoder-Beschreibung und CV-Liste.

Fazit: Die »Privaten« werden immer mehr, und sie sind mittlerweile überall in Deutschland und im benachbarten Ausland anzutreffen. Die Infraleuna-Lok wird nicht zuletzt durch ihr elegantes Äußeres mit Sicherheit viele Freunde unter den Modellbahnern finden. Der moderate Preis wird ein Übriges tun.

Arriva-Dieseltriebwagen GTW 2/6 (H0; PIKO 59326)

Für den Regionalverkehr in den niederländischen Provinzen Groningen und Friesland, welcher die Ortschaften Harlingen, Stavoeren, Roodeschool, Delfzijl sowie Leer in Deutschland mit Groningen und Leeuwarden verbindet, beschaffte Arriva 2006/2007 neue dieselelektrische Gelenktriebwagen der Stadler-Bauart GTW 2/6 (Betr.Nr. 10 228-243). Da das Stammhaus des Herstellers Stadlerrail in der Schweiz liegt, erklärt sich auch die Typenbezeichnung GTW 2/6: Zwei angetriebene von insgesamt sechs Achsen. Für die GTW 2/6 typisch ist das in der Fahrzeugmitte angeordnete »Power Modul«, in dem die gesamte Antriebsanlage untergebracht ist. Das »Power Modul« hat einen Durchgang für die Passagiere. Die beiden Endwagen werden aus Aluminiumstrangpressprofilen hergestellt und sind auf dem »Power Modul« aufgesattelt. Die Triebwagen können eine Höchstgeschwindigkeit von 140 km/h fahren. Mit diesem Arriva-Triebwagen hat PIKO nun eine weitere Privatbahn-Variante des GTW 2/6 in Angebot. Typisch Stadler ist die charakteristische Stirnpartie, die dem Vorbild entsprechend als austauschbares Modul angedeutet ist. Auf der einwandfrei gewölbten Stirnschei-

be ist der zierlich ausgeführte Scheibenwischen angraviert und schwarz bedruckt. Von den zweiflügligen Einstiegstür gelangt man in den stuhllosen Einstiegsraum und von dort entweder in das Niederflur- oder das höherliegende Wagenendabteil. Die Abteile haben Sitze. Bemerkenswert sind die leicht getönten großen Fenster, die auf der ganzen Triebwagenlänge einen freien Durchblick gewähren. Bei seitlicher Ansicht ist der Triebwagen eine moderne, perfekt glatte Angelegenheit. Umso mehr staunt man nach einem Blick über die gewölbte Dachrandwulst auf das Dach, denn das ist vollgepackt mit allen möglichen Aggregaten und Leitungen. Das »Power Modul« (Antriebsmodul) in der Mitte des Triebwagens ist ein kleiner glatter Kasten mit an den beiden Seiten unterschiedlichen Lüfteröffnungen und auch solchen in den in den Dachschrägen. Zwischen Letzteren sind zwei mehrteilige Auspuffanlagen montiert. Zum Fahrwerk ist nichts zu sagen, weil wie beim Vorbild praktisch unsichtbar. An den Wagenenden sind zwei Schienenräumer angebracht. Unter einer Bodenplatte mit Schallöffnungen kann ein Lautsprecher für eine Geräuschelektronik montiert

PIKO H0: Die Draufsicht auf den Arriva-GTW lässt sowohl die weitgehende Nachbildung der Dachpartie als auch die Auspuffanlage auf dem Antriebsmodul in Fahrzeugmitte erkennen.

werden. Eine weitere Bodenklappe erlaubt beim Decodereinbau den einfachen Zugang zur Schnittstelle. Die drei Drehgestelle haben plastisch ausgeführte Rahmenteile und relativ kleine Räder. Vorbildgetreu ist auch die makellos zweifarbige Lackierung und die auch am Original spartanische Beschriftung. Immerhin gibt es Piktogramme auf den Türen. Wer genau hinschaut wird bemerken, dass der Triebwagen mit der Betriebsnummer 239 auch einen Namen hat: »Piet Oberman«. Bei der Dachpartie geht ebenfalls dezent farbig zu. Der Antrieb des Modells erfolgt nicht wie bei Vorbild vom Antriebsmodul aus sondern durch eines der

Wagendrehgestelle. Die Laufeigenschaften sind ausgezeichnet. Mit leicht einzustellender Geschwindigkeit rollt der GTW 2/6 klaglos über die Gleise. Durch seine Gelenkigkeit werden auch Gegenkurven beispielsweise in Weichenstrassen problemlos durchfahren. Bei der Mittelleiterausführung ist der Schienenschleifer unter dem Antriebsmodul montiert. Die Stirnbeleuchtung erfolgt mit warmweißen bez. roten LED je nach Fahrtrichtung.
Fazit: Das etwa 46 cm lange Triebwagenmodell ist in jeder Beziehung gelungen und wird sicher bei allen Freunden moderner Eisenbahn-Verkehrs-Unternehmen Beifall finden.

Güterwagenmodelle

DRG-Kesselwagen »DEROP«
(H0; Liliput L235485)
Derartige dreiachsige Kesselwagen wurden schon vor dem Zweiten Weltkrieg gebaut und von Mineralölfirmen und chemischen Fabriken als Privatwagen bei der DRG eingestellt. Das Liliput-Modell ist mit »Deutsche Reichsbahn Hannover 565 385« bezeichnet. Eigner war die »DEROP, Deutsche Vertriebs-Gesellschaft für Russische Oel-Produkte AG, Berlin W15«.
Der vierschüssige Kessel ist mit Nieten und Einfüllöffnung ausgeführt. Oben am Kessel Lauf-

bühnen mit Geländer und hoch ausgeführten Handläufen. Die Bühne mit dem Bremserhaus hat Schutzgeländer und hochragende Halter für das Zugschlusssignal. Das dreiachsige Fahrwerk besitzt Speichenräder. Die mittlere Achse ist seitenverschiebbar. Der Waggon besticht durch seine zahlreichen Zurüstteile. Gute Rolleigenschaften.
Fazit: Der eher zierliche Waggon ist mit seiner LüP von nur ca. 115 mm und seinem nostalgischen Aussehen für Freunde von Klein- und Nebenbahnen perfekt geeignet.

Liliput H0: *Dreiachsiger DEROP-Kesselwagen.*

Liliput H0: *DB-Flachwagen.*

Liliput H0: *Gr Kassel.*

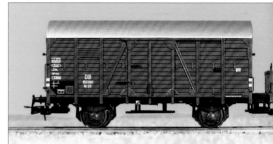

Liliput H0: *Gr Kassel mit Bremserbühne.*

Gedeckter Güterwagen GR 20
(H0; Liliput L235082)

Von den gedeckten Güterwagen der Austauschbauart Gr Kassel wurden 1927-1928 über 8000 Waggons gebaut, von denen etwa die Hälfte noch als Gr 20 zur DB gelangten. Das neue Liliput-Modell hat eine prächtige Gravur aller Einzelheiten des Wagenskastens. Unter den Türen sind Trittbretter ebenso vorhanden wie an den Wagenenden die Rangierertritte. Freistehende, zierliche Handgriffe und Schlussscheibenhalter ergänzen das Äußere des Gr 20. Lackierung und Bedruckung sind tadellos. Gute Rolleigenschften.

Fazit: Gelungenes, kurzes Waggonmodell (LüP ca. 11 cm), das gerade auch für Anlagen nach Kleinbahnvorbild geeignet ist.

Gedeckter Güterwagen GR 20
(H0; Liliput L235095)

Den Gr 20 gibt es auch als Wagen mit Bremserbühne.

DB-Flachwagen Xflmmr 37
(H0; Liliput L221551)

Mit »X« werden Arbeitswagen bezeichnet, die meist aus Rungen- oder offenen Güterwagen entstanden sind. Das Liliput-Modell besteht im wesentlichen aus einem Metallfahrwerk, das an der Oberseite eine Rangiererbühne mit Aufstiegsstufen und Geländer mit Handbremskur-

bel sowie eine imitierte Bodenverbretterung besitzt. Umfangreiche und saubere Beschriftung. Unter dem Fahrwerk Sprengwerk und Bremsanlagen-Nachbildung. Radsatzlagerung mit Nachbildung des Bremsgestänges. Gute Rolleigenschaften. Sehr sichere Innenverpackung.

Fazit: Ich weiß nicht warum, aber derartige Flachwagen sind kaum einmal auf Anlagen zu sehen. Dabei gehörten sie als Bauzugwagen oder für interne Transportzwecke zum Erscheinungsbild jeder Kleinbahn.

DB-Mittenselbstentladewagen Fd-z-72
(H0; Liliput L235070)

Nachdem Talbot 1960 bereits etwa fünfzig Fd-z-62 gebaut hatte, beschaffte die DB 1962 weitere 63 Wagen Fd-z-2 in verbesserter Form mit größerer Ladekapazität. Die Waggons bewährten sich vor allem beim Kohlenhandel (Briketts, Koks) sehr gut. Bei der Entladung wurde zunächst ein Schieber geöffnet, wonach ein Teil der Ladung durch eine schlitzartige Öffnung auf das untergeschobene Förderband des Wagenempfängers auslief. Anschließend wurden die Endteile hydraulisch hochgeklappt, so dass der Wagen sich komplett entlud. Genau das hat Liliput mit diesem Wagen exakt nachgebildet. Die beiden Endteile des Wagens lassen sich hochklappen, wobei der Schlitz im Wagenbo-

Liliput H0: Fd-z-72.

Liliput H0: Fd-z-72 hochgeklappt.

Liliput H0: Om 21.

Liliput H0: Om 21 nit Bremserbühne.

gen tatsächlich vollständig geöffnet wird. Der Wagenkasten zeigt in sorgfältiger Gravur alle Teile des Vorbilds. Die umfangreiche Beschriftung ist sauber und lesbar aufgedruckt, sogar die winzige Schrift der Bedienungsanweisung auf den seitlichen Ladetüren ist (verständlicherweise nur mit einer Lupe) lesbar. Der Wagen hat eine Rangiererbühne mit fein ausgeführtem Geländer mit Handbremskurbel. Gute Rolleigenschaften. Fazit: Höchst perfekt ausgeführtes Modell eines interessanten offenen Güterwagens in Sonderausführung.

Offener Güterwagen (H0; Liliput L235012)
Offener Güterwagen mit Bremserbühne (H0; Liliput 235025)

Zwischen 1927 und 1933 wurden über 15.000 offene Güterwagen der sogenannten Austauschbauart Om Königsberg beschafft. Sie waren als Om 21 auch noch bei der DB im Einsatz. Liliput hat diesen Waggontyp mit und ohne Bremserbühne im Programm. Der Wagenkasten weist eine sauberer Gravur von Kastensäulen, Winkelprofilen und Holzplanken auf. Auch das Wagenkasteninnere ist einschließlich Wagenboden nachgebildet. Lackierung und Beschriftung sind einwandfrei, wobei die Bedruckung des Fahrzeugrahmens an kaum zugänglichen Stellen besonders erwähnt werden soll.

Fazit: Offene Güterwagen sind das Salz in der Suppe für die Bildung von Güterzügen. Liliput hat zwei schöne Modelle ganz nach dem Geschmack von Kleinbahnern geschaffen.

Verschlagwagen (H0; Liliput L236102)

Von der Austauschbauart V Altona, später V Hamburg, wurden 1927-1928 über 600 Verschlagwagen gebaut, die als V 23 zum Teil noch bei der DB zum Einsatz kamen. Das neue Liliput-Modell brilliert mit der Ausführung der durchbrochenen Seitenwände mit fein gravierten Nachbildungen der Ladetüren, vielen Klappen und Riegeln sowie den senkrechten und diagonalen Streben. An den ebenfalls durchbrochenen Stirnwänden sind zierlich ausgeführte Handgriffe und Schlussscheibenhalter angebracht. Unter den Ladetüren findet

Liliput H0: *Verschlagwagen V 23.*

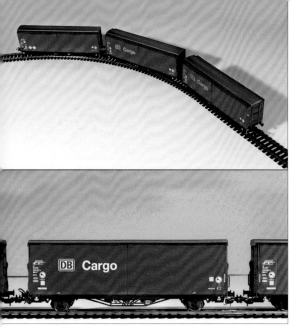

PIKO H0: Schiebewandwagen Hbis 295, von denen die DB 1.250 Stück beschafft hat.

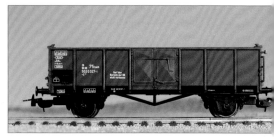

PIKO H0: Die im Dreierpack angebotenen Groß-raumschiebewandwagen Hbiss-tt 293.

PIKO H0: Omm 49, ein für den Zuckerrübentransport typischer Wagen auf Kleinbahngleisen.

man Aufstiegsbretter und an den Wagenenden Rangierertritte. Saubere Lackierung und reichhaltige Beschriftung.

Fazit: Ältere Kleinbahnfreunde erinnern sich noch an die Zeit, als selbst auf kleineren Bahnhöfen meist zweimal in der Woche Verschlagwagen an der Viehrampe abgefertigt wurden. Das neue Liliput-Modell ist deshalb ein durchaus passender Wagen für jede Kleinbahn-Modellanlage.

Großraum-Schiebewandwagen (H0; PIKO 58320/A bis 58320/C)

PIKO hat mit einer Pappbanderole mit Sichtfenstern drei Waggons Hbiss-tt 293 zu einer Wagenpackung zusammengefasst. Der Grund liegt darin, dass diese drei Großraum-Schiebewandwagen unterschiedlich beschriftet und dezent mit Gebrauchsspuren versehen worden sind. Sie sind gut nachgebildet, was sich angesichts der glatten Seitenwände vor allem im Fahrwerkbereich bis hin zu den Zurrhaken für den Fährverkehr und an den Stirnseiten mit guter Gravur zeigt.

DB offener Güterwagen E 036 (H0; PIKO 54844)

Es handelt sich um den offenen Güterwagen Omm 39 tschechischer Bauart, der wegen seiner für deutsche Verhältnisse ungewohnten

Bauweise der Seitenwände von den Verladern abgelehnt wurde. Die DB baute die über eintausend vorhandenen Waggons zu Omm 49 (spätere UIC-Bezeichnung E 036) um und setzte sie bis 1987 ein, zuletzt zum Teil nur noch jeweils im Herbst für den Zuckerrübentransport. Das PIKO-Modell gibt das Äußere des Vorbildwaggons gut wieder. Brauner Wagenkasten mit vollständiger Beschriftung (»Darf den Bereich der DB nicht verlassen«). Diagonal an den Wagen angebrachte Rangierertritte mit freistehenden Handgriffen. Am Wagenboden einfaches Sprengwerk und Andeutung der Bremsanlage. Fazit: »Brot-und-Butter«-Güterwagen mit guten Rolleigenschaften, der auf jeder Kleinbahnanlage verkehren sollte.

Schiebewandwagen (H0; PIKO 54415)

Die DB beschaffte in den 1970er Jahren über 1.250 Schiebewandwagen Hbis 295, zu denen noch mehr als 250 angemietete Fahrzeuge hinzukamen.

Am PIKO-Modell kontrastieren sowohl das rotbraune Dach als auch die gleichfarbigen Stirnwände mit dem dunkelgrauen Schiebewänden und dem schwarzen Fahrwerk. Die Schiebewände sind mit Ihren Verstärkungen plastisch herausgearbeitet. Die besondere Wirkung erhält der Wagen jedoch durch schwarz über-

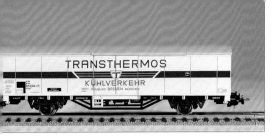

PIKO H0: Wärmeschutzwagen »Transthermos«.

PIKO H0: Rmm(o) 33 mit Ladegut Dampfwalze.

malte alte Beschriftungsfelder oder Anstrich-schäden. Neben dem rot/weißen DB-Logo gibt es u.a. in winziger aber lesbarer Schrift den mehrsprachigen Hinweis »Während der Fahrt müssen die Schiebewände geschlossen sein!« sowie ein Piktogramm mit der Anweisung wie sie verriegelt werden sollen. Am Fahrwerk sind das Sprengwerk, das Bremsgestänge und Zurrhaken für den Fährverkehr sowie an den Wagenenden diagonal je ein Rangiertritt mit zierlicher Haltestange vorhanden. Die beiden Radsätze sind leicht drehbar zwecks besserer Bogenläufigkeit angebracht.

Fazit: Nicht nur vom Typ sondern vor allem auch vom Aussehen her ist das ein toller Gü-terwagen aus aktueller Epoche.

DR-Rungenwagen Rmm(s) Ulm (H0: PIKO 54973)

Von den von der DRG ab 1943 gebauten über 12.000 Rungenwagen Rmm(s) Ulm waren in den 1950er Jahren noch über 3.000 Waggons bei der DB als Rmms(o) 33 im Einsatz. Einige wurden später zu Autotransportwagen für den Huckepackverkehr hergerichtet, andere zu Behältertransportwagen umgebaut. Auch bei der DR liefen solche Wagen als Rmms 62.

Die Seitenwände des PIKO-Modells sind sorg-fältig ausgeführt. Wie beim Vorbild sind die Rungen an den Seiten- und an den Stirnbord-wänden unterschiedlich ausgeführt. Das Fahr-werk ist mit dem Spannwerk und Teilen der Bremsanlage ausgestattet. Einige wenige Tei-le, wie zum Beispiel die Rungentaschen, sind vom Käufer nachträglich anzubringen. Als Be-sonderheit liegt dem Wagen das Modell einer Dampfwalze als Ladegut bei. Von PIKO wohl überlegt ist ein Lattengestell beigefügt, das auf dem Waggon das Hin- und Herrollen der Walze verhindert. Auch die Klarsichteinlage im Verpackungskarton ist so ausgeführt, das der Wagen mit eingesteckten Rungen dort sicher

untergebracht werden kann. Fazit: Unentbehr-licher Rungenwagen in jedem Fahrzeugpark, der durch das Ladegut Dampfwalze sehr at-traktiv ist.

Kühlwagen »Transthermos« (PIKO (H0; PIKO 54994)

Mitte der 1960er Jahre wurden von der DB gedeckte Güterwagen durch Einbau von Iso-liermaterial zu Wärmeschutzwagen umgebaut und später an private Eigentümer verkauft. Das PIKO-Modell zeigt die typischen glatten und nur durch Fugen unterbrochenen Seiten-wände mit den großen Ladetüren, zu denen schmale zweistufige Aufstiege hinauf führen. Der hellgraue Wagenkasten ist mit »Transther-mos Kühlverkehr« und zahlreichen sonstigen Beschriftungen sauber bedruckt. Die beiden Achsen des Wagens sind leicht beweglich ge-lagert, was zum guten Lauf durch Gleisbögen beiträgt. Fazit: Umbaugüterwagen, der vielsei-tig verwendbar ist.

DRG-Biertransportwagen »Flensburger Pilsener« (H0; PIKO, 54952)

Dieser zweiachsige Biertransportwagen ist mit »Flensburger Pilsener« beschriftet, einer in Norddeutschland und Niedersachen (Volks-mund »Flensi«) beliebten Biersorte. Der von PIKO mit »Deutsche Reichsbahn Altona 525 432« bezeichnete Wagen ist typisch für der-artige Waggons aus älteren Eisenbahnzeiten. Der Wagenkasten ist fein in Brettermanier aus-geführt, Die Kühlraumtüren sind plastisch her-vorgehoben. Saubere Bedruckung mit vierfar-bigem (darunter Gold!) Brauerei-Logo. An der rückseitigen Stirnseite angespritzte Trittstufen zum Dach hinauf. Aufstiegsleitern zum hoch liegenden Bremserhaus. Zwei Eis-Einfüll-Öff-nungen auf dem Dach. Fahrwerk mit Trittbrett in Wagenlänge und Speichenrädern. Gute Roll-eigenschaften. Dem Käufer des Modells obliegt es, eine ganze Reihe von Handläufen anzubrin-

PIKO H0: Biertransportwagen »Flensburger«.

PIKO H0: Kühlwagen »Königsbacher«.

gen, da diese bei werksseitiger Montage wahrscheinlich trotz perfekter Blisterverpackung den Transport nicht überleben würden.

Fazit: Kurzes, sehr filigran ausgeführtes Modell, das auch ganz den Geschmack der Klein- und Nebenbahnfreund trifft.

Kühlwagen GhK (H0 PIKO 54551)

Das Vorbild dieses Modells dürfte einer der 1922 von der DRG gebauten Kühlwagen Ghk Berlin sein, von denen noch eine größere Anzahl als Tkoh 02 zur DB gelangten.

Der Modellwagen ist hellbeige wie vergilbtes Weiß lackiert und sauber mit dem klassischen Schriftzug »Königsbacher« und dem mehrfarbigen Wappen der weitbekannten Brauerei in Koblenz versehen. Der Wagenkasten zeigt u.a. die für diesen Bauart typischen diagonalen Kastenverstärkungen an den Außenfeldern. Das niedrige Bremserhaus sitzt auf dem Fahrwerkrahmen. An der anderen Stirnseite sind Aufstiegsstufen zur im Dach befindlichen Ladeluke für das Eis vorhanden. Am Rahmen sind Rangierertritte und unter den Ladetüren Trittbretter angebracht. Dem Modell liegt ein Tütchen mit Zurüstteilen bei, von denen zumindest die Handgriffe für den Aufstieg zur Eisluke nebst Haltestange auf dem Dach angebracht werden sollten.

Fazit: Mit 135 mm Länge ein etwas größerer Bierkühlwagen, der mit seinem hellen Anstrich die Güterzüge freundlich belebt.

DB-Güterzug-Gepäckwagen Pwg bad 21 (H0; Liliput L235003)

Bereits 1921 beschaffte die damalige Badische Staatsbahn 52 Pg (bad), die bei der DRG und der DB als Pwg bad 21 bezeichnet wurden. Sie hatten durch ihre Blechbeplankung ein zeitlos modernes Aussehen.

Das Liliput-Modell des Wagens »DB 123 683

Pwg« ist dem Vorbild gut nachgebildet. Die Seitenwände des Wagenkastens zeigen die Laderaum-Schiebetüren und vergitterte Laderaumfenster sowie die separaten Einstiegstüren zum Dienstraum mit Fenster an einer und Toilettenfenster an der anderen Seite. Unter den Türen sind kurze Laufbretter angebracht. Die Stirnwand an der Dachkanzelseite hat angespritzte Aufstiegstritte. An der anderen Seite sind Aufstiegsleitern vorhanden. Alle Handläufe des Wagenkastens sind bereits angebracht, ebenso die zierlichen Halter für die Wagenschlusssignale. Die Zugführerkanzel mit den vierteiligen, verglasten Fenstern und zwei Lüftern dominiert das Dach, das zusätzlich einen kleinen Ofenrauchabzug hat. Beim Fahrwerk ist erwähnenswert, dass die Bremsbacken korrekt über den Radlaufflächen angebracht sind. Gute Rolleigenschaften. Sichere Klarsicht-Innenklappverpackung. Fazit: Ein durch und durch gelungenes und schönes Pwg-Modell. Tüchtige Kleinbahn-Direktoren haben sicher einen Wagen von der Staatsbahn gekauft und setzen ihn auf ihrer Strecke ein.

Liliput H0: Güterzug-Pwg bad 21.

Reisezugwagen, die gebraucht gekauft auch auf Kleinbahnen gefahren sein könnten

DRG-Personenwagen (H0; Liliput)
Bi Bad 12 Karlsruhe 29 966 (L334000)
BCi Bad 11 Karlsruhe 38 592 (L334001)
Cid Bad 11 Karlsruhe 95257 (L334002)
Ci Bad 01 Karlsruhe 92 124 (L334003)

Die Großherzoglich Badischen Staatseisenbahnen beschafften zwischen 1892 und 1914 Durchgangspersonenwagen mit offenen Einstiegsbühnen. Die DRG übernahm zahlreiche Wagen und reihte sie unter neuen Gruppennamen ein.

Liliput hat vier dieser formschönen Wagen schon vor einiger Zeit als H0-Modelle in Badischer Version, als DRG-Wagen und als DB-Wagen herausgebracht. Hier werden die DRG-Fahrzeuge vorgestellt. Die Seitenwände sind in ihrer Fensterteilung sehr unterschiedlich ausgeführt, wobei die Fenster Holz- oder Alurahmen haben und sauber eingesetzt sind. Die Fugen der Blechbeplankung sind in der Gravur hervorgehoben.

Die Lackierung ist makellos. Die saubere Beschriftung wurde mehrfarbig aufgedruckt. Die Einstiegsbühnen haben zierliche Schutzgitter und hochgeklappte Übergangsbleche sowie maßstäblich feine Aufstiegsstufen.. Auf den Dächern finden sich zahlreiche Entlüfter und Abzugshutzen der Innenraum-Gasbeleuchtung. An den Dachecken sind Wagenschlusssignalhalter angebracht.

Unter dem Wagen findet man

Sprengwerk, Bremsanlage und Gasbehälter. Die Bremsbacken sind genau auf die Radflächen ausgerichtet. Unter den Achsen befinden sich Öffnungen für die Kabel einer nachzurüstenden Innenbeleuchtung der Firma Fleischmann (!). Gute Rolleigenschaften. Stabile Klarsicht Innenverpackung.

Fazit: Ausgemusterte Staatsbahnwagen gelangten häufig zu Kleinbahnen. Da es sich um bildschöne Modelle handelt, sollte der Kleinbahn-Modellbahner sie in seinen Beschaffungsplan einbeziehen.

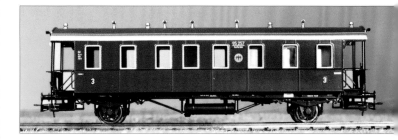

Von oben:
BCi Bad 11 Karlsruhe 38 592
Cld bad 11 Karlsruhe 95 257
Bi bad 12 Karlsruhe 29 966
Ci bad 01 Karlsruhe 92 124

Werksbahnen in Deutschland

Martin Raddatz

Die DIEMA DVL 15 der AG Märkische Kleinbahn e.V.

Der Verein AG Märkische Kleinbahn (MKB) übernahm 1981 in Berlin den alten Lokschuppen der Zehlendorfer Eisenbahn- und Hafen GmbH, der sogenannten Goerzbahn (1). Mittlerweile ist dort ein vielfältiges Eisenbahnmuseum entstanden (2). Anlass dieses Berichts ist die Wiederinbetriebnahme einer Berliner Werklok des seltenen DIEMA-Typs DVL 15.

Die Diepholzer Maschinenfabrik Fritz Schöttler GmbH hatte in den 1960er Jahren ein Typenprogramm von Dieselrangierlokomotiven für die Spurweiten 1000 mm bis 1676 mm, deren Modelle mit dem Kürzel DVL und der Angabe der ungefähren Leistungsstärke bezeichnet wurden. Der kleinste Loktyp war die DVL 15, deren aus 16 Pferdestärken gewonnene Kraft

DIEMA-Lok Typ DVL 15 im November 1982 vor der Aufarbeitung. Foto: Hans Dummer

mittels Ketten auf die beiden Achsen übertragen wurde. Die DVL 15 war besonders kurz (mit einer Länge über Puffer von 3.550 mm nur 20 cm länger als ein Breuer Lokomotor Typ V) und mit 4 t Dienstgewicht sehr leicht. Zum Vergleich, den man bei der MKB am Original vornehmen kann: Eine Kleinlok der Leistungsgruppe I (Kö I) wiegt mehr als das Doppelte und ist etwa zwei Meter länger. »Fliegengewichte« wie die DVL 15 wurden von mehreren Herstellern angeboten und waren für den gelegentlichen Verschub einzelner Waggons auf Werkbahngleisen bestimmt (3). DIEMA hat diesen Loktyp den individuellen Kundenwünschen angepasst und dies in der Typenbezeichnung durch Unterbauarten (wie zum Beispiel DVL 15/1, DVL 15/4) gekennzeichnet. Die erste DVL 15 wurde 1962 unter der Fabriknummer 2500 ausgeliefert. Diese Lok steht heute als Denkmal im Bockhorn. Von 1965 bis 1967 folgten drei Maschinen des Typs DVL 15/1 (2809, 2928 und 2935) und zwischen 1971 und 1980 vier weitere Loks mit jeweils

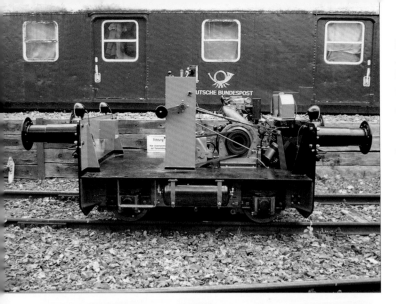

acht Exemplare in achtzehn Jahren Bauzeit.

Ein Exemplar dieser kleinen Bauserie (Fabriknummer 2935) wurde 1967 an die Fritz Werner AG in Berlin-Marienfelde geliefert. Die Fritz Werner AG war eine 1896 gegründete Maschinenfabrik, die auf die Produktion von Werkzeugmaschinen spezialisiert war. Die Fabrik in Marienfelde wurde 1915 errichtet. Von der Berlin-Dresdener Eisenbahn führte südöstlich des Bahnhofs Marienfelde ein Anschlussgleis zu mehreren Betrieben. Um das Fritz Werner Werk zu erreichen, mussten zwei Straßen gekreuzt werden.

Über den Werkbahnbetrieb bei der Fritz Werner AG ist nicht viel bekannt. Einer Skizze des Eisenbahners Hans Dummer ist es zu verdanken, dass überhaupt Einzelheiten zu den Bahnanlagen überliefert sind.

Im Werksgelände befand sich eine zweigleisige Wagenübergabestelle. An diese schloss sich die erste von drei parallel liegenden Drehscheiben an, über die sieben Gleise das Werksgelände erschlossen. Über die zweite Drehscheibe war auch der Lokschuppen zu erreichen. In diesen soll die kleine Lok so gerade hineingepasst haben, es war also eher ein »Lokstall«. Die Drehscheiben hatten einen Durchmesser von 9,15 Meter, was erklärt, warum die Lok besonders kurz sein, aber auch nicht mehr als einen Wagen verschieben können musste. Die DIEMA 2915 hat einen Achsstand von 1.500 mm und einen Raddurchmesser von 500 mm. Ihr kleinster Kurvenradius beträgt ca. 15 Meter. Die Lok wurde mit einem luftgekühlten

Oben: *Das Fahrwerk nach der Aufarbeitung.*
Unten: *Montage der Aufbauten.*
Fotos (2): Martin Wohlan

eigener Unterbauart, darunter ein Exemplar mit ganz offenem Führerstand.

Es gab also sechs Unterbauarten für insgesamt

Oben: *Die restaurierte DIEMA-Lok am 11.9.2010 vor dem Lokschuppen der ehemaligen Zehlendorfer Eisenbahn- und Hafen GmbH.*

Foto: Matin Raddatz

Unten: *Lageplan der Werkbahn der Fritz Werner AG.*

Skizze: Hans Dummer

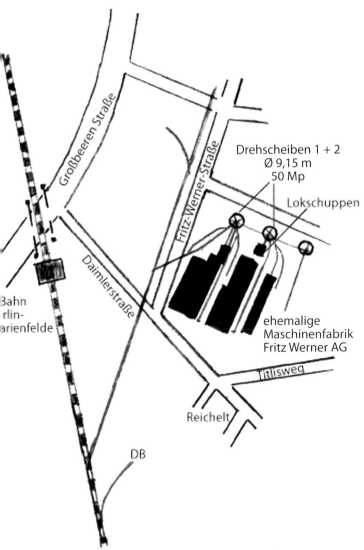

Drehscheiben 1 + 2
Ø 9,15 m
50 Mp

Lokschuppen

ehemalige
Maschinenfabrik
Fritz Werner AG

Großbeeren Straße

Fritz-Werner-Straße

Daimlerstraße

Titlisweg

Reichelt

DB

Bahn
rlin-
arienfelde

Deutz-Motor des Typs F2L 812 (16 PS Leistung) und einem mechanischen DIEMA-Zweistufengetriebe des Typs DL 8 Nr./1 ausgeliefert. Die Kraft wird vom Motor auf das Getriebe mit doppelten Keilriemen und vom Getriebe auf die Achsen mit zwei Rollenketten übertragen. In der Ebene hat die kleine Lok eine Brutto-Anhängelast von 85 t im ersten Gang. Die maximalen Fahrgeschwindigkeiten sind 4,9 km/h und 8,4 km/h. Die Fritz Werner AG bestellte ihre Werklok am 27. Januar 1967. Am 8. Juni 1967 erfolgten auf dem Werksgelände die Probefahrt und Abnahme. Die Urkunde über die Genehmigung zur Indienststellung wurde am 13. Juni 1967 ausgestellt, darin wurde die Lok noch mit »Lok 1« bezeichnet. Tatsächlich wurde die Maschine dann aber als »Lok 2« betrieben. Es ist nicht bekannt, ob sie eine Vorgängerin gehabt hat. Die DIEMA wurde nur werksintern eingesetzt. Etwa Mitte der 1970er Jahre wurde die pneumatische Zusatzbremse gegen ein anderes Fabrikat ausgetauscht und vermutlich eine Untersuchung durchgeführt. Die Lok wird gegen Ende der 1970er Jahre abgestellt worden sein. 1983 wurde die DIEMA an

Nach sorgfältiger Wiederaufbeitung fährt die DIEMA DVL 15 wieder.   *Fotos (2): Martin Raddatz*

den Verein Berliner Eisenbahnfreunde in Berlin-Reinickendorf abgegeben. Dort blieb die Maschine abgestellt. Ende 1995 kam die Lok zur AG Märkische Kleinbahn nach Berlin-Zehlendorf. Die Lok gehört dem Vereinsmitglied Martin Wohlan.

Die Restaurierung der DIEMA begann im Juni 2001 und wurde gute neun Jahre später abgeschlossen. Die Arbeiten wurden in der Freizeit mit einem an Perfektion grenzenden Anspruch sehr sorgfältig durchgeführt. Die Lok sollte nicht nur irgendwie betriebsfähig gemacht werden, sondern so weit wie möglich original erhalten bleiben. Der Motor ist ein gängiges Fabrikat und hätte leicht durch einen Austauschmotor ersetzt werden können, aber trotz schwerer Korrosionsschäden sollte der originale Motor erhalten bleiben. Es würde den Rahmen dieses Berichts sprengen, alle erforderlichen Arbeiten zu erwähnen. Um nur einige Positionen der Restaurierung zu nennen: Austauschkolben aus einem Baggermotor, Aufbohren der Zylinderrohre, Beschaffung neuer Kolbenringe, Erneuerung der Ventilsitze, Einschleifen der Zylinderköpfe und Ventilsitze, Überholung der

Lichtmaschine und des Anlassers, komplett neue Motorlagerung und weitere »Kleinigkeiten«, um den Motor wieder betriebsfähig zu kriegen. Das originale Getriebe, welches weitgehend mit dem der DIEMA-Feldbahnlok DL 8 übereinstimmt, konnte ebenfalls aufgearbeitet werden. Die Lamellen der Ortlinghaus Sinus-Lamellenkupplung verrichten heute noch, auch bei hohen Lasten, zuverlässig ihren Dienst. Die Achsen wurden, da das Spurkranzprofil mittlerweile zu »scharf« war, zur Umrissbearbeitung in die S-Bahn-Betriebswerkstatt Schöneweide gegeben. Die Vorderachse erhielt neue Federpakete. Die Bremssohlen waren stark verschlissen, teilweise betrug die Stärke nur noch 5 mm. Das Eisenwerk in Arnstadt lieferte unkompliziert vier neue Sohlen als Einzelanfertigungen. Die Baugruppen für die pneumatische Zusatzbremse wurden von dem Nachfolger der Herstellerfirma neu beschafft, während die Druckluftleitungen in der eigenen Werkstatt erneuert wurden. Da die Lok lange im Freien abgestellt war, hatte sich der Rost am Rahmen und an den Aufbauten festgefressen. Am Führerhaus war die Unterkante

Die wieder aufgearbeitete DIEMA DVL 15 ist ein echtes Schmuckstück geworden.

auf 3 cm Höhe zu erneuern. Der Motorvorbau musste vollständig zerlegt werden, um die Rostschäden dauerhaft beseitigen zu können. Auf ein Spachteln der vom Rost beschädigten Flächen wurde aber bewusst verzichtet, um die Spuren der Zeit sichtbar zu lassen. Für die Lackierung der Lok wurde nicht der originale gelbe Farbton, sondern smaragdgrün gewählt. Um die Wirkung dieser Farbe zu überprüfen, baute der Eigentümer aber vorher ein Modell in Spur H0. Der schwarz-gelb schraffierte Warnanstrich auf den Pufferbohlen wurde der originalen Lackierung genau entsprechend übertragen. Nachdem auch ein bezahlbarer Glaser für neue Führerhausscheiben gefunden war, konnte das originale Fabrikschild wieder angeschraubt werden. Auf ihm steht auch die Nummer des Originalmotors, und diese Angabe stimmt heute immer noch.

Im September 2010 war es endlich soweit: Die kleine Lokomotive wurde dem Publikum vorgestellt und auf Pendelfahrten vorgeführt. Mit den optischen Merkmalen »klein, breit und grün« hatte sie schnell den Spitznamen »Lokfrosch«. Offiziell ist sie aber als MKB 03 einge-

reiht worden. Die bemerkenswert gründlich aufgearbeitete Lok ist ein besonderes Zeugnis der kleinsten Arbeitstiere auf dem Fabrikhof. Im Alltag kaum beachtet und von vielen Eisenbahnfreunden leicht übersehen, wird diese Gattung hier sorgfältig bewahrt.

Ein guter Grund mehr, das vielseitige Museum der AG Märkische Kleinbahn (Infos: www.mkb-berlin.de) zu besuchen. Das nächste Restaurationsprojekt ist bereits in Angriff genommen worden, eine Kleinlok des Orenstein & Koppel-Typs RL 7 Baujahr 1935 mit originalem 70 PS-Rohölmotor und Stangenantrieb.

Der Verfasser dankt Herrn Martin Wohlan für freundliche und umfassende Auskünfte.

Fußnoten:

(1) Näheres: Martin van der Veer/Markus Hellwig: »Die Goerzbahn«. Verlag B. Neddermeyer, Berlin 2005.

(2) Näheres: Frank Jander »AG Märkische Kleinbahn«. Eigenverlag des Vereins, Berlin 2009.

(3) Näheres: Martin Raddatz und Jochim Rosenthal: »Normalspurige Feldbahnloks in Deutschland« in: »Drehscheibe« Heft 210 (6/08), Köln 2008.

Wolfgang Zeunert

Literaturhinweise

Eisenbahnbücher

Unvergessene Kleinbahn Wittingen-Oebisfelde
OHE-Strecke Wittingen-Rühen
Von Klaus-Peter Sebastian. 128 Seiten 240x170 mm, 100 Farb- und 84 SW-Fotos, 20 Gleispläne und 9 Zeichnungen.
EUR 24,50. Verlag Ingrid Zeunert, Postfach 1407, 38504 Gifhorn
Das Buch ist für alle Kleinbahnfreunde hoch interessant, und zwar unabhängig von der örtlichen Lage dieser Bahn, weil es beispielhaft eine der letzten »klassischen« Kleinbahnen beschreibt, so wie sie noch bis 2004 auf ihrer eigen Strecke fuhr. Die Kleinbahngesellschaft Wittingen-Oebisfelde konnte ab 18. November 1909 ihre komplette Strecke befahren. Durch Landwirtschaft und Viehzucht sowie durch die örtliche Kleinindustrie entwickelte sich der Verkehr gut und machte die Bahn zu einem der lukrativsten Unternehmen in der Provinz Hannover. Die geografisch günstige Linienführung und die benachbarten Kleinbahnen, mit denen Gemeinschaftsbahnhöfe betrieben wurden, gaben der Kleinbahn eine große Bedeutung über ihren Bereich hinaus. Am 16.6.1944 wurde die Kleinbahn Wittingen-Oebisfelde mit der Celler Eisenbahnen Aktiengesellschaft zusammengelegt. 1945 schlossen sich schließlich verschiedene Kleinbahnen zur Osthannoverschen Eisenbahnen AG zusammen. Unter deren Regie wurde die Bahnstrecke dann auch nach dem Zweiten Weltkrieg weiter befahren, wegen der innerdeutschen Grenzziehung allerdings nur noch zwischen Wittingen und Rühen. Nach der Wiedervereinigung Deutschlands fielen die staatlichen Förderungen für das Grenzgebiet weg, was schließlich am 30.6.2004 zur Einstellung des Gesamtbetriebes führte. In diesem Buch wird die Geschichte dieser unvergessenen Kleinbahn, ihr Verkehr und die Strecke beschrieben. Über jeden Bahnhof gibt es ein eigenes Kapitel. 184 Fotos zeigen, wie echt „kleinbahnig« diese Bahn war, und welch lebhaften Bahnbetrieb es in Niedersachsen längs der Grenze zu Sachsen-Anhalt einst auf Kleinbahngleisen gegeben hat. Das ist ein Kleinbahnbuch wie es sein soll.

Osthannoversche Eisenbahnen AG (Strecke Wittingen-Rühen): OHE-Diesellok 60022 rangiert am 15.10.1990 in Ohrdorf im Genossenschaftsanschluss. Das Bild stammt aus dem Buch »Unvergessene Kleinbahn Wittingen-Oebisfelde (OHE Strecke Wittingen-Rühen)« von Klaus-Peter Sebastian, das eine der letzten echten Kleinbahnstrecken beschreibt, auf der es noch bis 2005 Güterverkehr gab.
Foto: Dieter Riehemann

Die Baureihe V 65
Die vierachsige Stangen-Diesellok der DB
und das MaK-Typenprogramm

Von Roland Hertwig. 288 S. 210x297 mm, 36 Farb- und 315 SW-Abbildungen, EUR 45,00. EK-Verlag, 7915 Freiburg.

Das Buch hat zwar einen EK-typischen »Baureihen-Titel«, aber der Kleinbahnfreund sollte sich dadurch nicht irritieren lassen und auf den Untertitel achten, denn es ist tatsächlich ein echtes Kleinbahn-Buch über die MaK-Stangendiesellos, auf das wir schon lange gewartet haben. Die DB-Baureihe V 65 wird nur auf 32 Seiten von 288 Seiten Buchumfang beschrieben. Das ist auch verständlich, denn die DB beschaffte nur 15 Lokomotiven der Baureihe V 65. Diese gehörten zu einem Typenprogramm standardisierter Dielsellokomotiven, denn es ein Typenprogramm standardisierter Diessellokomotiven, die die Firma MaK mit Leistungen von 240 PS bis 1200 PS in zwei-, drei- und vierachsiger Versionen anbot. Außer an die DB konnte MaK noch fast 400 weitere dieser Lokomotiven verkaufen, darunter zahlreiche an deutsche Privat-, Werk- und Hafenbahnen. Nach über fünfzig Dienstjahren sind nur noch wenige Lokomotiven im aktiven Dienst. Etliche Loks wurden von Museumsbahnen und Museen gerettet, die meisten aber sind verschrottet worden. Im Buch wird die Entwicklung des MaK-Typenprogramms und die Technik aller Typen beschrieben. Der Lebenslauf aller DB-Lokomotiven ist lückenlos dokumentiert, der der übrigen Maschinen soweit dies möglich war. In Wort und Bild werden die Einsatzgebiete der Lokomotiven vorgestellt. Die alte Firma MaK existiert nicht mehr. Der Verfasser konnte jedoch noch auf umfangreiches Archivmaterial von MaK zurückgreifen und viele interessante Details zu den Maschinen entdecken. Das alles ergab nun ein Buch über die MaK-Stangendiesellos, das, nach dem Zweiten Weltkrieg in den Jahren des Wirtschaftswunders die Modernisierung der damaligen Nichtbundeseigenen Eisenbahnen maßgeblich mitgetragen haben. Wenn man bedenkt, dass es sich bei diesen Maschinen nicht um eine in großer Stückzahl beschaffte und amtsakribisch dokumentierte Staatsbahnbaureihe handelt, sondern um gewissermaßen einzelne nach Fabrikkatalog gekaufte Lokomotiven, der wird ermessen können, welche Mühe Herr Hertwig als Verfasser dieses Werkes aufgewendet hat, das alle Chancen hat, ein Kleinbahn-Kultbuch zu werden.

Güterwagen Band 4: Offene Wagen in Sonderbauart

Von Stefan Carstens. 176 S. 219x298 mm, zahlreiche Farb- und SW-Fotos sowie Fahrzeugtypenzeichnungen, EUR 35,00. VGB Verlagsgruppe Bahn, 82256 Fürstenfeldbruck.

Der vierte Band der Erfolgsreihe bietet wiederum in bewährter Aufmachung und erschöpfender Gründlichkeit mit Fotos und Übersichtszeichnungen, technischen Daten und konstruktiven Besonderheiten und natürlich mit einem Blick auf die Modelle nebst Umbau- und Verbesserungsvorschlägen diesmal das Thema offene Wagen in Sonderbauart. Dazu gehören a) Trichterwagen, die ihren Ursprung in den von Talbot im Jahr 1894 entwickelten Wagen haben. Bei ihnen wird das Ladegut zur Wagenmitte entladen und von dort über Rutschen gegebenenfalls wieder zur Wagenseite befördert. b) Kasten-, Mulden- und Seitenkipper, deren Entwicklung sehr inkonsequent verläuft. Seitenkipper mit rechteckigen Kästen gab es bereits Anfang des 20. Jahrhunderts für den Transport von Schlacke; aber erst in jüngster Zeit wurden sie zu den derzeit modernsten Selbstentladewagen der DB AG weiter entwickelt. c) Sattelwagen haben einen Laderaumboden, der in der Mitte einen First hat. Die Seitenwände sind als Klappen ausgebildet. Sobald diese geöffnet, werden rutscht das Ladegut schlagartig zu beiden Seiten aus dem Wagen. d) Kübelwagen bei denen das Untergestell Klappkübel trägt, die zum Entladen angehoben und über der Entladestelle geöffnet werden. Auch dieser vierte Band der MIBA-Güterwagen-Buchreihe zeichnet sich durch seine Fülle an Textinformationen und Abbildungen aus, was sowohl Eisenbahn- als auch Modellbahnfreunden gefällt, wobei die Bände Letzteren dazu verhilft, »artreine« Güterzüge bilden zu können.

Güterwagen Band 6:
Bestände und Bauteile - Güterzug-Gepäckwagen

Von Stefan Carstens, Paul Scheller und Harald Westermann. 240 S. 219x298 mm, über 450 Foto, ca. 125 Typenzeichnungen und etwa 50 Grafiken und Skizzen, EUR 50,00. VGB Verlagsgruppe Bahn, 82256 Fürstenfeldbruck.

Der sechste Band dieses Standardwerkes bietet Grundlageninformationen, wie sie bislang in dieser vorliegenden, ebenso konzentrierten wie vollständigen und übersichtlichen Form nicht oder nur

schwer verfügbar waren. Hierzu zählt die Zusammenstellung der unterschiedlichen Bezeichnung der Güterwagen im 20. Jahrhundert genau so wie die Erklärung der wichtigsten Bauteile von Güterwagen. Breiten Raum nimmt die Übersicht über die Bestandszahlen ein. Zahlreiche Tabellen, Grafiken, Fotos und Zeichnungen zeigen die für die jeweiligen Epochen typischen Verteilungen des Güterwagenparks. Eine Reihe von Nummern- und Umzeichnungsplänen sowie ausgewählte Bestandslisten der DB und DR liefern ergänzende Informationen. Das letzte Kapitel des Buches ist den Güterzuggepäckwagen gewidmet, die selbst in der Epoche IV noch in vielen Güterzügen anzutreffen waren. Hier gibt es auch Anregungen für Verbesserung entsprechender Modelle. Wer sich über Güterwagen informieren will, wird grundsätzlich zu den sechs Bänden dieses Güterwagenhandbuches greifen, weil es sich durch prägnante Texte, zahllose Fotos und viele Fahrzeugtypenzeichnungen, aber auch verschiedentlich durch einen Blick auf entsprechende Modelle auszeichnet. Es gefällt auch der lebendige Umbruch mit den vielen Abbildungen, der dazu führt, dass man sich festliest, obgleich man nur ein Fahrzeugdetail nachschlagen wollte.

Eisenbahn-Bildarchiv: Die V 100 der Deutschen Reichsbahn
Teil 3: Verbleib bei Privat- und NE-Bahnen

Von Alexander Bückle. 96 S. 235x165 mm, ca. 100 Abbildungen, EUR 19,80. EK-Verlag, 7915 Freiburg.

Bei der Deutschen Bahn AG ist die Ära der DR-V 100 zwar nahezu beendet, doch bei den privaten Eisenbahn-Verkehrs-Unternehmen (EVU) leisten die bewährten Lokomotiven auch heute noch wertvolle Dienste. Oftmals remotorisiert und in verschiedenen Varianten umfassend modernisiert, haben viele der ehemaligen 201, 202 und 204 neue Aufgaben zumeist im Güterverkehr, im Bauzugdienst oder auch als Rangierloks bei den zahlreichen Privatbahnen in ganz Deutschland gefunden. Damit ist das Erscheinungsbild der früheren DR-V 100 heute bunter und vielseitiger als je zuvor. Band 53 der »EK-Bildarchiv-Reihe« widmet sich als nunmehr dritter Teil über die DR V 100 den Lokomotiven im Einsatz bei den Privatbahnen. Das Buch bietet hierbei ca. 100 sorgfältig ausgesuchte Farbaufnahmen, die einen repräsentativen Querschnitt durch die vielseitigen Bau- und Farbvarianten der V 100 bei den EVU darstellen, wobei das Querformat der Reihe größere Abbildungen erlaubt. Angesichts der Vielzahl verschiedener EVU dokumentiert dieser Band zugleich auch die im europäischen Vergleich weit gediehene Liberalisierung des Eisenbahnsektors in Deutschland. Eine Kaufempfehlung für alle Kleinbahnfreunde!

Edition Fahrzeug-Chronik Band 9

Herausgeber: Dirk Endisch. 96 Seiten 170x240 mm, 96 Tabellen, 4 Zeichnungen und 53 Abbildungen, EUR 12,50. Verlag Dirk Endisch, 39576 Stendal.

Neben der ausführlichen Beschreibung der nach dem Zweiten Weltkrieg bei der Deutschen Reichsbahn (DR) in der sowjetischen Besatzungszone verbliebenen etwa 50 Exemplare der so genannten Kriegsdampflok 2 (KDL 2) interessiert den Kleinbahnfreund vor allem der Artikel über die Kleinbahnabteilung der preußischen Provinz Sachsen in Merseburg, die für die von ihr betriebenen Strecken Ende der 1930er-Jahre eine neue, leistungsfähige Dampflok benötigte. Die Firma Henschel & Sohn entwickelte auf der Grundlage eines Entwurfes für eine ELNA-Dampflok eine neue 1'Ch2-Tendermaschine, deren beide Baumuster im Frühjahr 1941 in Dienst gestellt wurden. Bis 1942 beschaffte die Kleinbahnabteilung Merseburg insgesamt sechs Exemplare des ELNA-Ablegers. Die DR reihte die Maschinen 1950 als 75 6682 bis 75 6687 in ihren Bestand ein. Erst 1968 hatte die Baureihe 75[i] ihre Schuldigkeit getan. Weiter gibt es in dieser neuen Fahrzeug-Chronik zu lesen, dass auf den als »Pollo« bezeichneten Schmalspurbahnen der Prignitz ab 1939 zwei Wismarer Schienenomnibusse im Einsatz waren. Die DR reihte sie 1950 als VT 133 524 und VT 133 525 in ihren Bestand ein. Bis 1969 bildeten die beiden Triebwagen das Rückgrat im Personenverkehr auf dem 750 mm-Schmalspurnetz zwischen Perleberg, Pritzwalk, Kyritz, Breddin und Glöwen. Abschließend wird über die DR-BR 52 berichtet, die bis Mitte der 1970er Jahre in vielen DR-Bahnbetriebswerken das Bild prägten. Ebenso interessante wie sachlich fundierte und gut illustrierte Lektüre.

Das Bahnbetriebswerk Lutherstadt Wittenberg

Von Klaus-Dieter George. 144 S. 170x240 mm, 82 Tabellen, 3 Zeichnungen und 108 Abbildungen, EUR 22,00 . Verlag Dirk Endisch, 39576 Stendal.

Das Bw Lutherstadt Wittenberg kann auf eine über 150-jährige Geschichte zurückblicken. Bereits 1841 nahm die Berlin-Anhaltische Eisenbahn (BAE) den ersten Lokschuppen in Betrieb. Die Anlagen genügten nach einigen Jahren nicht mehr den betrieblichen Belangen, so dass 1876 eine neue Betriebswerkstätte folgte. In den 1920er Jahren entstand auf der Gemarkung Labetz ein zweiter Lokschuppen. Im Zusammenhang mit der geplanten Elektrifizierung der Strecke Berlin-Halle (Saale) plante die Reichsbahn den Bau eines Groß-Bw für Dampf- und Elektroloks. Bedingt durch den Zweiten Weltkrieg konnte 1942 nur der Dampflokteil als neues Bw Wittenberg seiner Bestimmung übergeben werden. Die Dienststelle war eines der wichtigsten Bahnbetriebswerke in der Rbd Halle (Saale). Erst in den 1990er Jahren verlor das Bw Wittenberg an Bedeutung. 1999 endete die Lokbeheimatung. Im Buch wird den Kleinbahnfreund die T3 (89 6208) erfreuen, die im Bw Wittenberg Dienst tat. Fein bebilderte Dokumentation.

Eisenbahn-Journal Extra
V 200 (DB-Baureihen V 200.0, V 200.1 und V 300)
Von Konrad Koschinski. 116 S. 201x295 mm, über 150 Abbildung. Mit Video-DVD. EUR 15,00. VGB Verlagsgruppe Bahn, 82256 Fürstenfeldbruck.
Die V 200 war der Stolz der jungen Deutschen Bundesbahn. Die erste Maschine konnte Krauss-Maffei rechtzeitig 1953 zur »Deutschen Verkehrsaustellung« in München fertig stellen. Der kilometerintensive Planbetrieb begann zwei Jahre später. Bis 1959 wurden insgesamt 86 Exemplare in Dienst gestellt, 50 weitere mit stärkeren Motoren folgte bis 1965. In den Anfangsjahren führten die V 200 zahlreiche Fernschnellzüge mit klingenden Namen wie »Rheingold« und »Blauer Enzian«, »Gambrinus« und »Hanseat«. Die Deutsche Bundesbahn schmückte sich gerne mit den formschönen Maschinen, deren Popularität sehr groß war. Nach dem Ausscheiden aus den Diensten der DB in den 1980er Jahren konnte die DB viele V 200 an Kunden im Ausland verkaufen, darunter nicht nur an Gleisbaufirmen sondern auch an mehrere Staatseisenbahnen. Insgesamt 36 Maschinen beider V-200-Bauarten sind heute in Deutschland erhalten, die Mehrzahl nicht museal, sondern nach Rückkauf und Wiederaufarbeitung bei privaten EVU für die Beförderung von Güterzügen sowie für Einsätze im Bauzugdienst. Dieses Heft dokumentiert die Geschichte der V 200 mit einem kompetenten Text und zahlreichen, bislang meist unveröffentlichten Fotos, vielen Zeichnungen und einer aktuellen Statistik. Die Kapitel »Dienst in der Fremde« beschreiben die Auslandseinsätze und »Von wegen altes Eisen« ihre Neugeburt bei EVU in Deutschland. Die dem Heft beiliegende Video-DVD zeigt in dem 29-Minuten-Film »Die Baureihe V 200« aus der Eisenbahn-Journal-Videothek die wohl populärste deutsche Diesellokomotive in historischen Szenen auf der Basis von Super-8-Filmmaterial. Die V 200 ist darin unter anderem im Planeinsatz auf der Vogelfluglinie, im Schwarzwald, im Allgäu und auf der Schiefen Ebene zu sehen.

Wechselstrom-Zugbetrieb in Deutschland
Band 2: Elektrisch in die schlesischen Berge -1911 bis 1945
Von Peter Glanert, Thomas Scherrans, Thomas Borbe und Ralph Lüderitz. 253 S. 160x230 mm, zahlreiche SW-Fotos und Zeichnungen, CD mit Zusatzmaterial, EUR 49,50. Oldenbourg Industrieverlag GmbH, 33598 Bielefeld.
Bereits mit der Aufnahme des elektrischen Zugbetriebes zwischen Dessau und Bitterfeld im Januar 1911 war den Verantwortlichen klar, dass die neue Technik mit Einphasen-Wechselstrom nicht nur im Flachland getestet werden, sondern auch unter schwierigen topografischen und klimatischen Bedingungen im Gebirge ihre Tauglichkeit unter Beweis stellen sollte. In die engere Auswahl kam dafür in Schlesien der Abschnitt Lauban-Königszelt. Diese im Riesengebirgsvorland verlaufende Strecke wies alle Eigenschaften

einer Gebirgsbahn auf. Betrieblich war ein nicht unerheblicher Güterverkehr, besonders der Abtransport hochwertiger Steinkohle aus dem Waldenburger Bergbaugebiet verbunden mit dem entsprechenden Berufsverkehr und ein an Wochenenden stattfindender Ausflugsverkehr in Richtung Gebirge zu verzeichnen. Am 30.6.1911 genehmigte der preußische Landtag erste Mittel zur Elektrisierung der Hauptbahn Lauban-Königszelt sowie einiger Seitenlinien. Nun begann eine stürmische Entwicklung, die zwar durch den Ersten Weltkrieg jäh unterbrochen, in den 1920er Jahren jedoch in vollem Umfang wieder einsetzend maßgeblich zum Erfolg der elektrischen Traktion in Deutschland beigetragen hat, auch wenn die geopolitischen Veränderungen in Europa als Folge des Zweiten Weltkrieges zur Abtrennung Schlesiens an Polen und zum Ende des elektrischen Betriebes mit 15 kV und 16 2/3 Hz in Schlesien geführt haben. Die Betriebserfahrungen und die sich daraus ableitenden Schlussfolgerungen sowie deren technische Umsetzung prägten maßgeblich die Entwicklung von Fahrzeugen, Oberleitungen und anderen Einrichtungen der elektrischen Zugförderung der damaligen Deutschen Reichsbahn. So manche technische Lösung in Schlesien war Grundlage späterer Standardlösungen. Über die umfangreiche Illustration hinaus ist dem Buch eine CD beigefügt, das mit PDF-Datei mit 141 Seiten Zusatzmaterial (Fotos, Zeichnungen, Texte) enthält, das nicht im Buch berücksichtigt worden ist. Da man wohl voraussetzen kann, dass ein Kleinbahnfreund auch ganz allgemein am Eisenbahnwesen interessiert ist, bringe ich auf dieses Buch einen Hinweis, auch wenn es kein Kleinbahnbuch ist. Die geschilderten Erprobungen bis hin zum Planbetrieb sind hochinteressant, was beispielsweise auch die Fahrleitung betrifft, die hier gebührend berücksichtigt wird, ist sie doch die grundlegende Einrichtung für den elektrischen Betrieb überhaupt. Auch durch viele historische Fotos wird klar, wie lang technisch der Weg bis zum heutigen ICE-Verkehr gewesen ist. Das ist ein Eisenbahnbuch das fesselt, sobald man begonnen hat es zu lesen.

Typenkompass
Der Verlag Transpress hat eine Buchreihe im Programm, deren einzelne Ausgaben entsprechend dem Titel für alle Triebfahrzeuge die wichtigsten Daten, Fakten und Fotos bieten. Dazu gehören Kurzbeschreibungen zu Geschichte, Einsatz und Besonderheiten jedes der Triebfahrzeuge.
Die kleinen Bände sind ansprechend aufgemacht, gut verständlich und informativ.

Typenkompass Loks der DB AG
Von Jan Reiners. 128 S. 140x205 mm, ca. 100 Farbfotos, EUR 9,95. Verlag Transpress, 70032 Stuttgart.
Mit Beschreibung, Tabelle und Farbfoto werden alle Dieselloks, Elloks und Triebwagen von 1994 bis 2010 aufgeführt.

Typenkompass Loks der DDR
Von Klaus-Jürgen Kühne. 128 S. 140x205 mm, 115 Farb- und SW-Fotos. EUR 9,95. Verlag Transpress, 70032 Stuttgart.
Das Buch beschreibt alle Dampfloks einschließlich Schmalspurloks, Dieselloks, Werkbahndiesells, Elektroloks Dieseltriebwagen, elektrische Triebwagen und die elektrischen Triebwagen der S-Bahn Berlin im Zeitraum 1920-1990.

Typenkompass Loks der ÖBB
Von Roland Beier. 136 S 14x205 mm, ca. 100 Farbfotos. EUR 9,95. Verlag Transpress, 70032 Stuttgart.
Das Erscheinungsbild der Österreichischen Bundesbahnen (ÖBB) hat sich in den vergangenen Jahren stark verändert. Neben den seit Jahren bewährten Reihen kamen zahlreiche neue Fahrzeuge hinzu. Dieser Typenkompass stellt alle Fahrzeuge der ÖBB seit 1947 in bewährter Manier vor.

Modellbahnbücher

MIBA-Modellbahn-Praxis: Elektropraxis und Elektronik
Von Manfred Peter. 80 S. 210x295 mm, über 380 Fotos, Schaltpläne, Skizzen und Grafiken. EUR 10,00. VGB Verlagsgruppe Bahn, 82256 Fürstenfeldbruck.
In kurzer Zeit hatte es der MIBA-Praxis-Band »Elektrik für Modellbahner« zum Standardwerk und Bestseller gebracht. Jetzt hat Autor Manfred Peter die nicht minder grundlegenden Fortsetzung »Elektropraxis und Elektronik« verfasst. Dabei stehen im Mittelpunkt die Stromversorgung, die Absicherung von Elektrik und Elektronik sowie

wie die wichtigsten elektronischen Bauteile und ihre Anwendung. Weitere Kapitel befassen sich mit Schaltungen und Steuerungen rund um Drehscheiben, Gleisdreiecke und Kehrschleifen, mit den Grundlagen der LED-Technik, mit der speziellen Elektrik und den Antrieben von Weichen sowie mit Gleisbesetztmeldung und Stellwerkstechnik. Das Spektrum der Themen reicht von der einfachen Verdrahtungshilfe über Halbleiterelemente bis hin zur Spurkabelsteuerung. Zahlreiche Schaltungsbeispiele, Skizzen und Tabellen sowie eine Vielzahl von Fotos und ein verständlicher Text machen

Lieferbare Bände

Band 2: 80 Seiten, 26 Farb- + 61 SW-Fotos, EUR 10,00 (D)*.

Band 4: 80 Seiten, 24 Farb- + 74 SW-Fotos, EUR 10,00 (D)*.

Band 5: 80 Seiten, 21 Farb- + 90 SW-Fotos, EUR 11,50 (D)*.

Band 6: 96 Seiten, 45 Farb- + 147 SW-Fotos, EUR 11,50 (D)*.

Band 7: 96 Seiten, 102 Farb- + 94 SW-Fotos, EUR 15,00 (D)*.

Band 8: 96 Seiten, 150 Farb- + 68 SW-Fotos, EUR 15,00 (D)*.

Band 9: 96 Seiten, 147 Farb- + 45 Schwarzweiß-Fotos, EUR 15,00 (D)*.

Band 10: 112 Seiten, 181 Farb- + 49 Schwarzweiß-Fotos. EUR 15,00 (D)*.

Band 11: 112 Seiten, 109 Farb- und 48 SW-Fotos, 18 Zeichnungen, EUR 15,00 (D)*.

Band 12: 112 Seiten, 163 Farb- und 60 SW-Fotos, EUR 15,00 (D)*.

Band 13: 96 Seiten,122 Farb- + 30 Schwarzweißfotos, EUR 15,00 (D)*.

Band 14: 96 Seiten, 122 Farb- + 40 SW-Fotos, EUR 15,00 (D)*.

   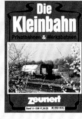  

Band 15: 96 Seiten, 98 Farb- + 44 SW-Fotos, EUR 15,00 (D)*.

Band 16: 96 Seiten, 86 Farb- + 40 SW-Fotos, EUR 17,50 (D)*.

Band 17: 96 Seiten, 128 Farb- + 18 SW-Fotos, EUR 17,50 (D)*.

Band 18: 96 Seiten, 76 Farb- + 73 SW-Fotos, 11 Zeichnungen, EUR 17,50 (D)*

Band 19: 96 Seiten, 149 Farb- + 29 SW-Fotos, 8 Zeichnungen, EUR 17,50 (D)*

Band 20: 96 Seiten, 134 Farb- + 5 SW-Fotos, 45 Bf.-Pläne, EUR 17,50 (D)*

DIE KLEINBAHN erschien als Zeitschrift von 1963 bis 1975 mit 104 Ausgaben. Seit 1988 erscheint sie als Buchreihe. Es werden ausschließlich normalspurige Klein- und Privatbahnen behandelt. Auch Werkbahnen und Kleinbahnen als Modell gehören zum Themenkreis der Reihe. **DIE KLEINBAHN** im Buchformat 24x17 cm hat 96 Seiten. Alle Bände sind überwiegend mit Farbfotos, historischen SW-Fotos sowie bedarfsweise mit Zeichnungen illustriert. Jährlich erscheinen zwei Bände. **DIE KLEINBAHN** kann im Abonnement bezogen werden. Es kann jederzeit gekündigt werden. Es brauchen keine Abonnementsbeträge im voraus bezahlt zu werden, denn jeder Band wird mit Rechnung geliefert.

Verlag Ingrid Zeunert

Postanschrift: Postfach 1407, 38504 Gifhorn
Hausanschrift:
Hindenburgstr. 15, 38518 Gifhorn
Telefon: 05371-3542 • Telefax: 05371-15114
E-Mail: webmaster@zeunert.de
Internet: www.zeunert.de
Umsatzsteuer-ID: DE115235456
*Versand je Buch EUR 0,85 (D)

Band 21: 96 Seiten, 109 Farb- + 22 SW-Fotos, 1 Zeichnung, EUR 17,50 (D)*

Band 22: 96 Seiten, 117 Farb- + 13 SW-Fotos, 9 Zeichnungen, EUR 17,50 (D)*

Band 23: 96 Seiten, 144 Farb- + 22 SW-Fotos, 7 Zeichnungen, EUR 17,50 (D)*

die Projekte aus der Elektrik- und Elektronikpraxis auch für weniger versierte Anwender nachvollziehbar. Für erfahrene Modellbahnelektriker ist das Praxisheft ein willkommenes Nachschlagewerk, das zusammen mit »Elektrik für Modellbahner« zum didaktisch Besten gehört, was je zu diesen Themen veröffentlicht worden ist.

MIBA-Modellbahn Praxis: Gleise und Weichen 2

Von Horst Meier. 84 S. 210x295 mm, über 240 Abbildungen, EUR 10,00. VGB Verlagsgruppe Bahn, 82256 Fürstenfeldbruck.

Im zweiten Band des MIBA-Ratgebers über »Gleise und Weichen« werden zunächst die Gleissysteme von H0-Schmalspurbahnen sowie die großen Spuren der Nenngrößen 0, I und IIm (G) behandelt. Danach folgen als eigentlicher Schwerpunkt die ausführlichen Kapitel mit der Modellbahn-Gleisbaupraxis. Der Aufbau eines schalldämmenden Unterbaus wird ebenso gezeigt wie perfektes Einschottern. Breiten Raum nimmt die Vorstellung diverser Weichenantriebe vom preiswert bis komfortabel ein. Wer mit Selbstbaugleisen und exakt maßstäblichen Gleissystemen liebäugelt, kann hier auf den wertvollen Schatz reichhaltiger Erfahrungen des Verfassers zurückgreifen. Abgerundet wird der Band durch Kapitel über die Planung, die Reinigung von Gleisen, den unauffälligen Einbau der betrieblich so wichtigen Entkuppler sowie ein ausführliches, tabellarisches Herstellerverzeichnis. Bestechend, wie schon in ähnlichen Publikationen der MIBA, ist nicht zuletzt die Fülle von Detailfotos, die die Textbeiträge vortrefflich illustrieren. Das ist ein weiteres gelungenes Grundlagenwerk von hohen Nutzen für jeden Modellbahner.

MIBA Spezial 91

Modellbahn-Kleinstanlagen

Chefredakteur: Martin Knaden. 104 S. 210x295 mm, über 240 Abbildungen, EUR 10,00. VGB Verlagsgruppe Bahn, 82256 Fürstenfeldbruck.

Der Entwurf von Kleinstanlagen (und auch deren tatsächlicher Bau) beschäftigt Modelleisenbahner schon seit vielen Jahren. Urvater des Ganzen war John Allen mit seiner Rangierspielanlage »Time Saver«. Zur Perfektion bei den Kleinen haben es dank kleinerer Wohnungen auch die Engländer gebracht. An Informationen über Kleinstanlagen besteht darüber hinaus aber tatsächlich ein echter Bedarf, denn nicht jeder Modellbahner hat den Platz oder das Budget für eine größere Anlage. Eine kleine Ecke in der Wohnung, manchmal sogar im Wohnzimmer, lässt sich jedoch meist finden. In diesem Sonderheft wird gezeigt, wie sich auch auf vergleichsweise kleiner Fläche eine Modellbahn realisieren lässt, die betrieblich viel hergibt, wenig kostet und dennoch (oder gerade deshalb) besonders viel Freude macht. Quer durch alle Baugrößen und Themen stellen Planungsspezialisten und Anlagenbaupraktiker eine Auswahl gelungener Entwürfe und Beispiele von einer Anlage im Format eines Kasperltheaters bis hin zur Nutzung eines ehemaligen Kinderzimmers vor. Sogar in Nenngröße 0 ist das möglich. Besonders werden sich auch die Freunde von Feldbahn-Anlagen freuen, denn sie kommen mit einem Spezialhobby nicht zu kurz. Der alte Modellbahn-Grundsatz »weniger ist mehr« wird hier noch einmal untermauert. Ach ja, auch der »Time Saver« wird als Anlagenvorschlag geboten. Und was ein Student mit seiner Klein-Kleiner-Anlage »Nemerow Bad« realisiert, ist geradezu beispielhaft.

Eisenbahn Journal - 1x1 des Anlagenbaus

Modellbahn im Kompaktformat

Von Oliver Bachmeier. 92 S. 210x295 mm, etwa 150 Fotos, EUR 13,70. VGB Verlagsgruppe Bahn, 82256 Fürstenfeldbruck.

Auf einer Fläche von nur 3,3x1,5 m hat der Verfasser eine Anlage mit Märklin-Mittelleitergleisen gebaut, die hinsichtlich Gleisplan, Anlagenbau, Erweiterung, Landschaft, Anlagensteuerung mit Digitaltechnik, Beleuchtung und Baumaterialliste ausführlich beschrieben wird. Es gibt viel Betrieb in einem mehrgleisigen Bahnhof, in einem Bw mit Drehscheibe und auch in den so betriebswichtigen Gleisanschlüssen. Durch eine unterirdische Strecke und einen Schattenbahnhof auf zwei Ebenen kann mit Videokamera überwacht ein abwicklungsreicher Zugbetrieb durchgeführt werden. Trotz der kompakten Anlagengröße und der Dichte der Ausgestaltung ist eine so echt wirkenden Szenerie entstanden, dass man nur staunen kann. Ideenreich wurden zahllose Blickfänger vom Eismann mit Kindern über eine Altstadt auf kleinstem Raum bis hin zur Feldbahn am Bergwerk geschaffen. Das Heft sollte man sich unbedingt kaufen, lesen und sich darüber freuen. Unter den kleineren Anlagen ist das eine der Schönsten, die ich bislang zu sehen bekommen habe.

MIBA-Extra: Modellbahn digital (Ausgabe 12)

Redaktionsleitung: Martin Knaden. 116 S. 210x295 mm, über 250 Abb., Begleit-DVD, EUR 12,00. VGB Verlagsgruppe Bahn, 82256 Fürstenfeldbruck.

Diese Ausgabe des jährlichen MIBA-Führers durch das digitale Modellbahn-Geschehen befasst sich in einem Schwerpunkt mit Computersteuerungen. Ein Grundlagenbeitrag sowie Marktübersichten vermitteln Basisinformationen. Anlagenvorstellungen schildern den praktischen Einsatz von WinDigiPet, railX, RocRail und anderen Computer-Steuerungsprogrammen. Weitere Themen: Aktuelle Einsteiger- und Einfachsysteme, Grundlagen und Startsets für den digitalen Einstieg, Bremsen und Halten mit der ABC-Technik, Anwendungen (Apps) und Steuerungssoftware, Rangierkupplungen und stromleitende Kupplungen, Marktübersichten Minidecoder (für Baugröße Z-TT), Standarddecoder, Decodereinbau in H0-Lok und LGB-Triebwagen sowie Selbstbauprojekte DCC-Service-Station und eDCC (Mini-DCC-Zentrale). Die Begleit-DVD enthält Free- und Shareware, Demoversionen und Bildschirmschoner für Modellbahner, insgesamt über 70 Anwendungen aus den Bereichen Gleisplanung, Datenbanken, Software-Zentralen, Steuerungen und Tools, dazu auch Filmbeiträge und Zusatzmaterial zum Heftinhalt. Mit enthalten sind das aktuelle MIBA-Gesamtinhaltsverzeichnis und die ersten acht »Digital-Extra«-Ausgaben sowie MIBA-Spezial 37 und 42 im PDF-Format. Auch dies Ausgabe von »Modellbahn digital« ist vielseitig, fachkundig und informativ und damit die unentbehrliche Pflicht- und Lieblingslektüre für alle Modellbahner.

Modellbahn-Kurier 37: Digital 2012

Redaktion Ralph Zinngrebe. 92 S. 210x280 mm, zahlreiche Abbildungen, EUR 11,50. EK-Verlag, 7915 Freiburg.

Digital zu fahren gehört für die meisten Modellbahner mittlerweile zum Standard. Die Technik kann aber noch viel mehr. Ein Schwerpunkt in diesem Heft sind daher intelligente Steuerungen für die unterschiedlichsten Anwendungen, spezielle Funktionsdecoder, Hard- und Software. Dazu gibt es wieder zahlreiche Tipps und Problemlösungen für die Digitalpraxis. Ausführlich wird darauf eingegangen, wie der digitale Einstieg optimal gelingt. Weitere Themen sind Porträts digitaler Anlagen, vorbildgerechte Lokbeleuchtung mit LEDs, das Interface als Verbindung zum Rechner, Motorumbau in Märklin-Loks und der Einbau von Lokdecodern bei speziellen Fällen. Außerdem wird mit Railware 7 ein weiteres Programm zur Anlagensteuerung von den Grundlagen bis zu speziellen Anwendungen ausführlich beschrieben. Abgesehen von der umfangreichen Bebilderung, die zu dem Einzelthemen kaum Fragen offen lässt, zeichnet sich auch dieses interessante Digital-Heft wieder durch Praxisnähe aus.

Modellbahn-Kurier 36: Lasercut & Co.

Redaktion: Ralph Zinngrebe. 92 S. 210x280 mm, zahlreiche Farbfotos, EUR 11,50. EK-Verlag, 7915 Freiburg.

Bei Gebäudemodellen und Zubehör macht es die Lasercut-Technik möglich, auch kleine Stückzahlen wirtschaftlich zu fertigen. Damit einher geht ein Wandel bei den Materialien. Statt des über viele Jahrzehnte dominierenden Polystyrols werden nun auch Karton unterschiedlicher Qualitäten sowie weitere Werkstoffe verwendet. In diesem EK-Modellbahnkurier werden die Grundlagen der Lasercut-Technik vorgestellt. Ein weiterer Beitrag beschäftigt sich mit dem Umgang mit den neuen Materialien. Schwerpunkt aber sind ausführliche Bauberichte von aktuellen Lasercut-Modellen mehrerer Hersteller, die gewisse Unterschiede aufweisen. Lasercut zum Testen: Als Extra kann jeder Leser mit der dem Heft beigefügten Postkarte beim Verlag kostenlos einen kleinen Lasercut-Bausatz anfordern. Der Zusammenbau von Lasercut-Modellen ist nicht so einfach wie der von Faller-Häusern, es erfordert Geduld, und es müssen andere und neue handwerkliche Kenntnisse erworben werden. Dieses Heft ist dabei sehr hilfreich, nicht zuletzt wegen der fachkundigen Texte und der zahlreichen Detailfotos von Arbeitsvorgängen.

Modellbahn Lokomotiven - pflegen, warten und erhalten

Von Ulrich Lieb. 136 S 170x240 mm, ca. 130 Abbildungen, EUR 19,95. Verlag Transpress, 70032 Stuttgart

In der Modellbahnbuchreihe »Jetzt helfe ich mir selbst« gibt der Verfasser Praxistipps und originelle Anleitungen zur Wartung und Pflege von Modellbahn-Lokomotiven. Wichtig sind dabei die richtige Diagnose, das passende Werkzeug und schließlich die erfolgreiche Reparatur. Es ist unmöglich, den Inhalt des Buches eingehend zu beschreiben, denn allein das Inhaltsverzeichnis hat einen

Kleinbahn-Erinnerungen©: *Lok 7 der Hafenbahn Osnabrück am 14.3.2007 mit einem Trafotransportzug der VLO am Umspannwerk in Wehrendorf.*   *Foto: Dieter Riehemann*

Umfang von drei eng bedruckten Seiten. Das zeigt aber auch, dass hier mit den Hauptkapiteln Einleitung, die Wartung beginnt, dauerhafte Betriebssicherheit, Ultraschallreinigung, Sekundenkleber, Motoren, Getriebe, Fahrwerk, Kupplungen, Elektrik und Elektronik, Beleuchtung, Aufbewahrung und Lackierung umfangreich zur Sache gegangen wird. Die notwendigen Arbeitsschritte werden sachlich kurz und ohne weitschweifiges Geschwafel und damit für den Leser klar verständlich abgehandelt. Es ist ein hilfreiches Lehrbuch und Nachschlagewerk.

Modelleisenbahn - Das große Gleisplanbuch
Redaktion »Modelleisenbahner«. 208 S. 230x305 mm, über 300 Fotos und 90 Gleispläne, Skizzen und Zeichnungen. EUR 14,95. Sonderausgabe der Verlagsgruppe Bahn für den Heel-Verlag, Königswinter.
Das ist eigentlich kein Gleisplanbuch im üblichen Sinne, denn abgesehen von Loisls »phantastischen Bahnwelten« wird auf die sonst üblichen Gleispläne, die nie verwirklicht werden, verzichtet. Vielmehr wird aus dem reichen Anlagenportrait-Fundus der Zeitschrift »Modelleisenbahner« geschöpft und gezeigt, wie mit und nach höchst unterschiedlichen Gleisplänen tatsächlich Anlagenträume realisiert worden sind. Daher wird großer Wert auch auf die Wiedergabe der so entstandenen Modellbahnwelten vom Mini-Diorama bis hin zur großen Schauanlage gelegt. Die seltene Fülle von Anregungen macht dieses Buch zu einer anregenden Informationsquelle sowohl für Modellbahnanfänger als auch für bereits erfahrene Modellbahner der unterschiedlichen Nenngrößen. Die einzelnen Anlagenbeschreibungen mit den dazugehörigen Gleisplänen sind sorgfältig ausgewählt und durchgehend interessant.

Modelleisenbahn - Die große Schule
Redaktion: Markus Tietge. 208 S. 230x305 mm, etwa 700 Abbildungen, EUR 14,95. Sonderausgabe der Verlagsgruppe Bahn für den Heel-Verlag, Königswinter.
Dieser umfangreiche Sammelband bietet einen Querschnitt durch den Erfahrungsschatz der Redaktion der Zeitschrift »Modelleisenbahner«. In den zahlreichen bislang erschienenen Folgen von deren Sonderheftreihe »Modellbahn-Schule« wurde sowohl Einsteigern wie auch »alten Hasen« der richtige Weg zur eigenen Mo-

dellbahn-Anlage gewiesen. Das Beste aus inzwischen 23 Ausgaben wird hier in übersichtlicher und kompakter Buchform geboten. Verschiedene Autoren zeigen in den einzelnen Kapiteln mit präzisen Anleitungen sowie Farbbildern und Zeichnungen nachvollziehbar die richtige Vorgehensweise beim Bau einer Modellbahnanlage auf. Das Spektrum der Themen reicht von den Grundlagen und der Planung über den Unterbau und das Verlegen der Gleise bis hin zu Landschaftsgestaltung und Gebäudebau. Der Inhalt ist nicht nur informativ, sondern darüber hinaus ist das Buch auch noch unterhaltsam zu lesen.

Chronik der Modelleisenbahn
MIBA 1948-2008
5 DVDs in Multibox. Systemanforderungen PC mit min. Pentium II 500 MHz und DVD-Laufwerk, 32 MB RAM, 100 MB freier Festplattenspeicher bei Vollinstallation, Betriebssystem ab Windows 98. EUR 60,00. VGB Verlagsgruppe Bahn, 82256 Fürstenfeldbruck.
Seit über 60 Jahre erscheint jeden Monat die Zeitschrift »MIBA-Miniaturbahnen«. Diese DVD-Edition macht diesen unerschöpflichen Informationsfundus bis zu seinen Anfängen zurück zugänglich. Sie enthält über 830 »MIBA«-Ausgaben von 1948 bis 2008, mehr als 25.000 Artikel zum Thema Modelleisenbahn, insgesamt etwa 65.000 Seiten, und das Ganze beansprucht nur 2,5 cm Platz im Bücherregal! Jetzt ist die neueste, auf sechs MIBA-Jahrzehnte erweiterte Version dieser Archiv-Sensation verfügbar. Es ist ein Wissensspeicher, der auf nahezu alle Fragen zur großen und zur kleinen Eisenbahn eine Antwort weiß. Mit dabei sind auch die aktuelle Fassung des »MIBA«-Gesamtinhaltsverzeichnisses und eine komfortable Steuerung mit vielfältigen Suchoptionen (Stichworte, Autoren u.v.m.) und allen erforderlichen Druckfunktionen. Unzählige Modellbahner haben über Jahrzehnte ihr Wissen über die Modellbahn durch die Zeitschrift MIBA erworben. Daher sind diese DVDs nicht nur eine faszinierende Dokumentation, sondern auch eine Erinnerung an den unvergessenen »MIBA«-Gründer Werner W. Weinstötter, der die Modellbahnindustrie zu immer besseren Produkten ansporte und so maßgeblich dazu beigetragen hat, dass sich die »elektrische Eisenbahn« zu der Modellbahn entwickeln konnte, wie sie uns heute für unser Hobby zur Verfügung steht.

Diese Bände sind lieferbar!

Postanschrift: Postfach 14 07, 38504 Gifhorn • Hausanschrift: Hindenburgstr. 15, 38518 Gifhorn
Telefon: 05371-3542 • Fax: 05371-15114
E-Mail: webmaster@zeunert.de • Internet: www.zeunert.de
Umsatzsteuer-ID: DE115235456 • * Porto je Band: EUR 0,85 (D)